为人民歌唱
郭兰英 画传

WEI RENMIN GECHANG
GUO LANYING
Huazhuan

张林雨　张志永 ◎ 著

山西出版传媒集团
北岳文艺出版社

图书在版编目（CIP）数据

为人民歌唱：郭兰英画传 / 张林雨，张志永著. — 太原：北岳文艺出版社，2023.3
ISBN 978-7-5378-6691-0

Ⅰ. ①为… Ⅱ. ①张… ②张… Ⅲ. ①郭兰英—事迹—画册 Ⅳ. ①K825.76-64

中国国家版本馆CIP数据核字（2023）第048554号

为人民歌唱——郭兰英画传

张林雨　张志永　著

 郭兰英艺术发展基金会　提供图片支持
GUOLANYING ARTS DEVELOPMENT FOUNDATION

//

出品人 郭文礼	出版发行：山西出版传媒集团·北岳文艺出版社
	地址：山西省太原市并州南路57号　邮编：030012
策划 贾新田	电话：0351-5628696（发行部）　0351-5628688（总编室）
	传真：0351-5628680
责任编辑 谢放	印刷装订：山西人民印刷有限责任公司
特邀编辑 陈楠	开本：787mm×1092mm　1/16
	字数：382千字　印张：21
书籍设计 张永文	版次：2023年3月第1版
	印次：2023年3月山西第1次印刷
印装监制 郭勇	书号：ISBN 978-7-5378-6691-0
	定价：798.00元

本书版权为本社独家所有，未经本社同意不得转载、摘编或复制

目录

▶1　开　篇

▶25　**晋剧表演艺术家郭兰英**
　一　学艺　/27
　二　献艺　/47
　三　参加革命　/56
　四　政治生活的里程碑　/63
　五　传艺　/65
　六　三进中南海　/68
　七　出演电视剧《金水桥》　/77
　八　圆梦乡愁谢乡亲　/93
　九　票友赛上去演唱　/104
　十　关心兄弟剧种　/107

▶109　**歌剧表演艺术家郭兰英**
　一　新秧歌剧出彩　/111
　二　新歌剧的里程碑——红色经典《白毛女》　/116
　三　救场首演《白毛女》　/122
　四　《白毛女》首出国门放异彩　/126
　五　演出《小二黑结婚》　/132
　六　演出歌剧《刘胡兰》　/138

七　演出《窦娥冤》等　/143
　　八　驾驭舞台的高手　/157
　　九　告别演出音乐会　/161

▶ 171　**女高音歌唱家郭兰英**
　　一　讴歌时代，服务工农兵　/173
　　二　文化使者，赢得荣誉　/183
　　三　总理纠偏指航向　/198
　　四　歌声发自内心来　/199
　　五　首开先河办"个唱"　/206
　　六　总理点名唱《南泥湾》　/209
　　七　唱响《敢教日月换新天》　/212
　　八　《绣金匾》唱哭全国　/216
　　九　群众围拢也演唱　/221
　　十　从艺六十年　/225
　　十一　兰为众花香，吾为人民唱　/234

▶ 243　**民族声乐教育家郭兰英**
　　一　教书育人，桃李芬芳　/245
　　二　薪火相传，初心不改　/251
　　三　排导民族歌剧《刘胡兰》　/261
　　四　"民族歌剧演员要有戏曲功底"　/263

▶ 265　**结　　语**

附录一：戏曲表演手段　/267

附录二：郭兰英艺术活动年表　/322

后　记　/326

| 开篇

2019年9月17日，国家主席习近平签署主席令，授予郭兰英"人民艺术家"国家荣誉称号。郭兰英是我国音乐界、戏剧界唯一获此殊荣的艺术家。

面对"人民艺术家"这一国家荣誉称号，郭兰英坦言，心里满是自豪，可更多的还是感恩："这是对我们千千万万文艺工作者的肯定。文艺和国家的命运紧紧相连，国家好，我们就好。在万恶的旧社会，我经受过无数的苦难，因而对党和祖国有着刻骨铭心的爱。我是党培养的文艺工作者，一辈子跟党走。我个人太渺小了，没有共产党，哪有我郭兰英？我的一切都是党给的，人民给的。"

郭兰英始终以一个党员、一个革命者的标准来要求自己。笔者采访她时，她说："我要继续老老实实、勤勤恳恳多干实事，要时刻想着人民，因为习近平主席说：'江山就是人民，人民就是江山。'"

郭兰英始终在为人民歌唱，为人民服务：

一条大河波浪宽，声乐大师树标杆，
金嗓讴歌人民性，红色基因世代传。
时至晚年了夙愿，创办艺校路艰难，
课徒授以鱼与渔，桃李满园中外香。

2020年10月23日，国家主席习近平给中国戏曲学院师生回信，对传承发展好戏曲艺术提出殷切期望："全面贯彻党的教育方针，落实立德树人根本任务，引导广大师生坚定文化自信，弘扬优良传统，坚持守正创新，在教学相长中探寻艺术真谛，在服务人民中砥砺从艺初心，为传承中华优秀传统文化、建设社会主义文化强国作出新的更大的贡献。"

习近平主席的回信，在艺术界引起强烈反响。郭兰英说："我读了习近平主席的回信，万分激动，我一定不辜负党和人民的重托，一定办好艺术学校，为祖国培养更多德艺双馨的艺术人才。"

为了让更多的人了解郭兰英那富有戏剧性的传奇艺术生涯，了解她的奋斗历程，特推出本画传。

郭兰英，女，汉族，中国共产党党员。1929年12月31日，她出生在山西省平遥县香乐村的一个贫苦农民家。她从小在苦水里泡大，五岁拜师学艺，七岁搭班唱戏。1946年，在党的教育下，她与旧戏班彻底决裂，毅然决然参加革命，进入华北联合大学文艺工作团（以下简称华北联大文工团）。中华人民共和国成立后，她先后被选为第一、二、三、五、六届全国人民代表大会代表，先后在中央戏剧学院附属歌舞剧院、中央实验歌剧院、中国歌剧舞剧院任主要演员，是中国歌剧舞剧院一级演员。她沐浴着党的阳光雨露，成长为杰出的中国民族歌剧表演艺术家，创造了民族声乐的郭派"这一个"，为中国民族歌剧表演体系的建立和民族演唱艺术的发展作出了开拓性贡献。

人民艺术家郭兰英，是党一手培养出来的"人类灵魂工程师"，是十分难得的艺术人才。

郭兰英几十年如一日，始终坚持文艺民族化、大众化的方向，坚定不移地遵循文艺为社会主义服务、为人民首先为工农兵服务的方针，不转向，不动摇。每当她遇到挫折，或者受到歪风邪气袭击的时候，周总理总是代表党，代表国家和人民，给她以支持、鼓励和关怀。郭兰英深深体会到党的温暖、人民群众的支持，是她坚持民族艺术的力量源泉。[1]

——李凌

1946年，郭兰英进入华北联大文工团后，真正感受到了"解放区的天是明朗的天"。在革命文艺团体中，在党的教育下，在红色文化的熏陶下，她如饥似渴地学习党的文艺理论，了解党对文艺的方针政策，以理论来指导自己的红色戏剧实践，不断地充实自己、提高自己。毛主席高屋建瓴式的教导令她豁然开朗：在革命战争中，我们有两支军队，一支是"拿枪的军队"，另一支是"文化的军队"。就此，郭兰英认识到自己从事红色戏剧工作，属于文化军队中的一员，是"整个革命机器的一个组成部分，作为团结人民、教育人民，打击敌人、消灭敌人的有力的武器，帮助人民同心同德地和敌人作斗争"[2]。

郭兰英逐渐树立了正确的价值观，懂得了演戏不仅仅是一种谋生的手段，演戏也对社会有益，有利于陶冶观众的情操，促使观众追求真善美，鞭挞假恶丑。后来，她学习了毛泽东主席《在延安文艺座谈会上的讲话》等文章，明确了我们的文艺"为什么人的问题"：我们的文艺是

---

1 朱兵.兰花自有透寒香——记著名歌剧表演艺术家郭兰英[N].光明日报，1981-3-13.
2 毛泽东.毛泽东选集：第3卷[M].北京：人民出版社，1967：805.

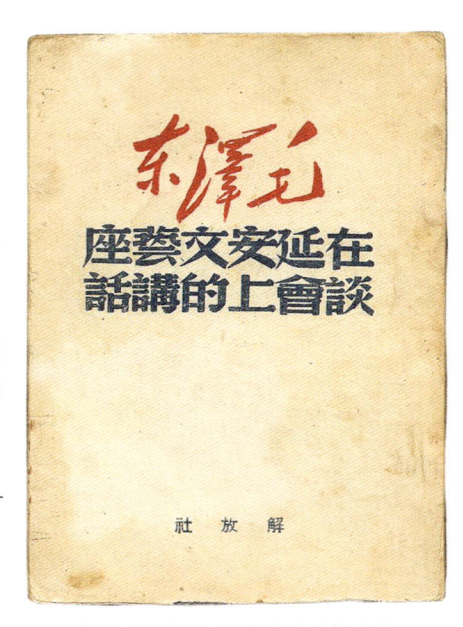

○○《在延安文艺座谈会上的讲话》书影

为"革命的工农兵群众服务的"[1]。艺术的价值在于创造美，在于为人民奉献美好的精神食粮，在于丰富和发展民族文化，在于为国争光。从此后，郭兰英将自己的甘苦、喜乐，以至个人命运与自己所从事的艺术事业绑在了一起。

中华人民共和国成立之初，郭兰英学习了有关戏剧的人民性理论，增强了辨别剧目的能力。

1954年，郭兰英被选为出席中国第一届全国人民代表大会的代表，她在中南海怀仁堂聆听了毛泽东振奋人心的开幕词："我们正在做我们的前人从来没有做过的极其光荣伟大的事业。我们的目的一定要达到。我们的目的一定能够达到。"这更激发出郭兰英在文化艺术上积极进取的动力。

郭兰英天生有一副得天独厚的好嗓子，少时，受皮影戏、木偶戏、晋中秧歌与高跷、旱船等社火民间艺术的影响，在严师的训练下，她一方面学会了科学的民族发声方法，一方面对戏曲的"四功五法"——唱念做打、手眼身法步烂熟于心，练就了深厚的"童子功"，正式加入旧戏班后便挂了头牌。

在此基础上，她于张家口那个戏窝子中——有京剧、晋剧、评剧等"三下锅"的演出——广撷博采，学习各剧种艺人的表演艺术，再加上她有着演出百余出传统剧目的舞台实践经验，十五岁时"在张家口一举成名，人称'晋剧里的梅兰芳'"[2]。

郭兰英改唱民族歌剧后，用纯净的音质、明亮的音色、清晰的咬字、优美的身段、真切的表演，为人民创造出一系列的令人难忘的光彩照人的艺术形象。如1947年《白毛女》中的喜儿、1953年《小二黑结婚》中的小芹、1954年

---

1 毛泽东.毛泽东选集：第3卷[M].北京：人民出版社，1967：813.
2 雷爱侠，吴春燕，王忠耀.郭兰英：用歌声串起新中国历史[N].光明日报，2022-5-3（1）.

《刘胡兰》中的刘胡兰、1958年《红霞》中的红霞和《红云崖》中的冬花、1959年《春雷》中的满妹子、1960年《窦娥冤》中的窦娥、1962年《红梅岭》中的冷翠等。

在塑造这些人物的时候，郭兰英把形（人物的外部形象）、神（人物的内心世界）、情（主体的情感）融于一体，因而使这些艺术形象既反映了客体（客观对象）的某些情况，也体现了主体（创造者）的主观态度。

郭兰英曾坦言："我演过很多戏，可总演不够的是《白毛女》，我的身上已经深深烙下了'喜儿'的印记。"可见她对演《白毛女》是多么用心！

一般来说，唱过戏的人改唱歌比较容易。郭兰英改唱歌后还演唱过近百首脍炙人口的歌曲，有的歌曲甚至传唱至今。如《我的祖国》《人说山西好风光》《翻身道情》《妇女自由歌》《南泥湾》《敢教日月换新天》《绣金匾》《山丹丹开花红艳艳》《丰收歌》《八月十五月儿明》《大庆子》《毛主席恩情比海深》《李双双小唱》《咱们的领袖毛泽东》等。

郭兰英的演唱艺术迄今无人可及。由她演唱的《上甘岭》电影插曲《我的祖国》，已被"嫦娥一号"卫星带入月球轨道，唱响在浩瀚的太空。

《我的祖国》作词、作曲都堪称完美，但由谁来演唱在当年则是有过一番考量。当时，很多知名歌唱家被请来试唱，但都无法令作曲家刘炽完全认可。最后，词作者乔羽想到了刚调来中央歌剧院不久的郭兰英。谁也没想到，郭兰英一开口，那甜美、亲切、朴实无华的民歌嗓音便令刘炽和在场的听众深深折服了，连导演沙蒙也被感动得泪水模糊了双眼。刘炽情不自禁地说："就是她！"

刘炽曾撰文《论郭兰英现象》，他在文中说：郭兰英的声音中有"美的行腔、润腔，美的民族心理状态、民族传统的表现。同时又有革命的激情，时代的感觉"，她有着"赤子之心，钢铁之志"。录音后仅两天，中央人民广播电台便播放了这首歌曲，要知道电影《上甘岭》当时还没有上映，这明显是"侵权"；但那时，全国听众都沉浸在"一条大河"的歌声中，无数的人都在哼唱着"一条大河"，谁还在意这个呢？

郭兰英以唱情、唱心、唱神的歌声，给人们留下了过"耳"不忘的印象。中国唱片总公司为她出版了近百种唱片（音带），发行总量达数十万张（盒）。她还荣获了首届"金唱片奖"。

郭兰英把她唱戏与唱歌的功底，创造性地运用在了民族歌剧中，因而她的演唱便具有了"典范模式"的意义。

下面我们来谈谈她声乐演唱的精髓以及她戏剧表演的特征等。

一、郭兰英声乐演唱精髓

20世纪50至60年代，中国音乐界"洋土之争"异常激烈，很多人轻视民族唱法，这在无形中给郭兰英以压力。她心里嘀咕：不是帮助为人民大众所喜闻乐见的中国民族唱法去提高，而是企图用"洋唱法"来取而代之，这不是否定传统吗？这样怎么能行得通呢？她不理解。

1953年，在中华全国音乐工作者协会全委扩大会议结束时的招待会上，郭兰英见到了周恩来总理，她把自己的彷徨与苦恼一股脑儿地告诉了周总理。总理听完兰英的话后，立即找到她所在的中央实验歌剧院领导说："兰英同志的唱法，已经在广大群众中很有影响了，我看还是让她按照自己的路子发展下去吧，不要硬叫她改弦易张，学西洋的了。你看怎样？"

此后，郭兰英的声乐艺术便在民族的道路上向前发展。如前文所述，她排演了《白毛女》等八部民族歌剧，演唱了众多民族声乐作品，进入了演戏即演人的境界，塑造出许多活生生的、有血有肉的人物形象，从而实现了她艺术创造上的飞跃，并为中国民族歌剧的发展奠定了坚实的基础。

> 《白毛女》是在探索学习民族传统艺术的基础上搞出来的，但那毕竟是新文艺工作者搞的，是一边学习一边摸索中搞的，而只有郭兰英参加了以后，真正把中国戏曲传统的唱工、做工融入到歌剧中，使新歌剧在演唱、表演上提高了一大步。对郭兰英来说，这一结合使她的艺术也得到了飞跃发展，使之成为既是传统的又是新的创造，从而成为新时代的新艺术形式的代表者。在郭兰英之前，《白毛女》中扮演喜儿的最好的代表是王昆，以后演《白毛女》的演员数十上百，可没有一个能同郭兰英并驾齐驱。[1]
> ——乔羽

在声乐艺术上，郭兰英所达到的境界更是鲜有人及。

> 不管什么歌，她（郭兰英）一唱就像盖上了戳儿，没人能超过她。
> ——刘炽

这其中的奥秘何在？一言以蔽之，是韵味。因为韵味是歌唱的风格所在，是歌唱的"魂"。有些演员唱歌曲还行，唱歌剧就不行了，缺乏韵味儿。

1　黄俊兰.郭兰英的歌唱艺术[M].北京：人民音乐出版社，2000：82.

味在何处？在演唱者的"二度创作"中，在润腔中、行腔中、咬字中、装饰音中、甩腔中……这个味，是任何精细的记谱法都难于标记的，它是由歌唱者自己掌握、临场发挥的。

比如咬字。中国字是单音字，有四声，有韵脚，有调值，还有各种地方音调，不搞清楚是万万不可以的。在歌唱中，咬字是十分重要的。戏谚云："咬字重千斤，听者自动容""咬字不清，犹如钝刀子杀人"。你在台上歌唱，唱了半天，累得够呛，可一个字儿也没有咬清楚，给听众的感觉，好像雾里看花，看不清楚，那怎么行呢？

郭兰英的歌唱，咬字、吐字一清二楚，让人一听，就清楚明白。

再比如呼吸。郭兰英在歌唱时气息充沛，掌控充分，既能有游丝式的抑制，又能有风雷式的爆发，对力度、节奏、速度的掌握都游刃有余。这种"自由"，没有长期的训练是很难取得的。

又比如歌唱的音区。汉族民歌的音域往往不宽，基本在十个音左右。演唱民族歌剧十个音就不够用了，理想音域应当不少于两个八度。而郭兰英的歌唱音区，可从$e—a^2$（还曾到b^2），常用音区为$b—g^2$，在这一段音区内，她可发挥出最优质、最辉煌的声音。她的声音以真声为主，高音区为掺有假声的混合声。其整个声音连贯、通畅，高中低声区的过渡自然，衔接流畅，无明显的换声痕迹。

郭兰英有一副天赋的好嗓子。其音色圆润、饱满、明亮，音质纯净，这是先天的"本体性音色"。一般来说，演员在表现具体化形象时，可以运用声乐技术改变自己的音色——共鸣腔体的选择对音色影响很大。例如，偏重于头腔共鸣，其音色效果会显得明亮、高昂；偏重于鼻腔共鸣，其音色会更加圆润，且能起到和谐上下共鸣部分的作用；偏重于口腔共鸣，其音色饱满，共鸣宽浮而自然；偏重于胸腔共鸣，其音色则显得宽厚、沉稳。凡此种种，各具特色。

当然，影响音色变化的因素还不止这一方面，还有咬字、气息等。因技术性因素而产生变化的音色，一般称为"表情性音色"，它是基于"本体性音色"上的一种发挥。"表情性音色"很少有能完全脱离"本体性音色"的。

郭兰英在音色控制方面有着极高的水平，她的歌唱具有音色变化的鲜明性，这也是她在民族歌剧演唱中表情达意的重要手段，是她准确塑造性格化人物形象的方法之一。《白毛女》一剧中，郭兰英所饰喜儿在面对爹爹时，音色甜亮；在黄家受苦时，音色灰暗；上山后，音色刚烈。

中央音乐学院教授钱茸先生曾从语言学角度对郭兰英歌唱最拿人的地方——"味儿"进行过解析：

> 郭兰英是一位极有人气的歌唱艺术家，网上有人称她为"不可超越的郭兰英"，她的歌唱有一种让人无法模仿的魅力。当然，郭兰英的歌唱魅力包含了多种因素，如她对情绪表现的细微把握、她的嗓音特点、她吐字的老道功力等。笔者要特别强调的是，她充分运用了西北母语赋予她的地域性语言音色。西北语言并不像藏语或闽南语那样拥有大量鼻化音韵母，却拥有一个极富魅力且使用频率极高的鼻化音$[\tilde{\varepsilon}]$（包括以$[\tilde{\varepsilon}]$为韵尾的二合元音韵母$[i\tilde{\varepsilon}][u\tilde{\varepsilon}]$）。在西北，最强化这个音色的地区是陕北、关中，最强化这个音色的声乐品种是秦腔。秦腔里不但句尾韵常押这个音色（即"言前"韵，陕北这个韵不念[an]，而念$[\tilde{\varepsilon}]$），而且句中、句间还常加用衬字"唉"

（读音即[ɛ̃]）的走腔。郭兰英是山西平遥人，按照方言情况来看，平遥是山西中部，这里鼻化音的使用已有些变化（常存在于儿化音前的主韵母）。但郭兰英从小唱山西中路梆子（12岁登台）。梆子腔的鼻祖是秦腔，而[ɛ̃]这个音，又是秦腔里最美的音色，于是在距离陕北较近的山西梆子里，自然丢不下这个音色，因为这个音色已成为西北地域传统声乐品种中的代表性音色了。郭兰英的演唱中，突显了[ɛ̃]韵对她的特化作用。她的代表作里，艺术效果最好的，往往是用[ɛ̃]韵的。如《小二黑结婚》里那段："清凌凌的水来蓝格英英的天，小青我洗衣裳来到了河边……"《刘胡兰》里的："一道道水来一道道山，队伍那个出发要上前线。"句末的"天""边""山""线"都押在[ɛ̃]韵上。她吐出的[ɛ̃]韵，美得沁人心脾，美得耐人寻味。关键在于，有些歌曲与西北毫无关系，如电影《上甘岭》里的《我的祖国》（这支歌似乎是为她量身定做的，押的就是言前韵），她仍然把歌词中所有的"an"，读作[ɛ̃]。不仅如此，她在歌唱时还尽可能把[ɛ̃]的读音感觉渗透到其他字韵里，使之成为一种吐字的整体风格。听众全然接纳了这种"不用纯正普通话"的郭兰英风格。后来有人试图用美声或学院派民族唱法演唱《我的祖国》，许多听众接受不了，他们只认郭式的首唱，"听的就是那个'怯'味儿"（老百姓语）。[1]

---

1 钱茸.探寻音符之外的乡韵——唱词音声解析[M].北京：中国青年出版社，2020：66.

> 郭兰英：演唱任何一首歌曲都要唱情，要唱出人物的感情，用自己内心炽热的感情去唱，如果要想感动别人，首先要感动自己。[1]

说到底，郭兰英的声乐艺术，关键是以唱情、唱心、唱神，来塑造熠熠生辉的人物形象的。法国雕塑家罗丹有一句至理名言："艺术就是感情。"唐代大诗人白居易说："感人心者，莫先乎情。"郭兰英总是"未成曲调先有情"，在情感的基础上运用多种艺术技巧来创造感人的音乐形象。

郭兰英总是精心地进行二度创作——在润腔中来细致地体现人物的思想感情。

她的润腔方法是什么呢？她讲究"字"，即字正腔圆、腔由字生。何谓字正？凡是旋律用音的高低和唱词字调走向相一致，就叫字正。

她所遵循的润腔原则有以下几点。旋律性润腔，通过各类装饰音唱法来完成。节奏性润腔与力度性润腔，旨在用节奏与力度的技术对旋律的行进给予运动着的控制，从而使旋律形成不同的个性张力。节奏是"音乐在时间上的组织"，力度则是"音乐表演中的强弱程度"。音色性润腔，主要是在歌唱过程中，注意变化音及音区的转换。

润腔方法的合理使用，充分张扬了郭兰英歌唱的个性，体现了她的美学追求，从而使她的歌唱韵味十足，让人过耳不忘、百听不厌。

郭兰英所追求的理想的民族唱法，遵循了"古为今

---

[1] 李同生.从郭兰英的演唱看继承与发展传统问题[J].中国音乐,1981,03:37.

用，洋为中用"的文学艺术方针。此语是毛泽东主席提出的。1964年9月27日，毛主席就中央音乐学院学生陈莲来信，向时任中共中央宣传部部长陆定一作出重要批示，其中写道："古为今用，洋为中用。"[1]

周恩来总理也指出："任何艺术不掌握规律，不进行基本训练，不掌握技术是不行的。"[2]他强调了基本训练、掌握技术的重要性；因为只有练好了技术技巧，才能创作出优秀作品。

郭兰英听从毛主席的教导、周总理的教诲，既继承了戏曲的传统唱法，用之于民族歌剧，并加以改进，又对西方歌剧和美声唱法有一定的了解，并加以借鉴和参考，以增强中国民族歌剧的生命力。

莫扎特说："我心中的欢乐不是我自己的，我把欢乐注进音乐，为的是让全世界感到欢乐。"郭兰英也在为把中国民族歌剧推广到全世界，让全世界的人们都能得到最美的艺术享受而做着坚持不懈的努力。

20世纪50年代后期，民族民间歌坛上已是人才济济。1964年，大型音乐舞蹈史诗《东方红》在人民大会堂演出，这是一次声乐上"百花齐放"的盛会，更是民族声乐成就的"大展览"，郭兰英演唱的《南泥湾》一炮打响，民族声乐也成了最富魅力的一支"劲旅"。

二、郭兰英戏剧表演的特征

中华人民共和国成立后，郭兰英主演了八部民族歌剧，为人民塑造了众多熠熠生辉、使亿万观众迷恋的人物形象。其演出效果的取得，既有她歌唱（听觉语言）到位的原因，也有她的形象表演（视觉语言）精彩的原因。

她是如何塑造这些不同性格的人物形象的呢？

---

[1] 中共中央文献研究室编.毛泽东年谱（一九四九——一九七六）：第五卷[M].北京：人民出版社，中央文献出版社，2013：412.
[2] 文化部文学艺术研究院《周恩来论文艺》编辑组.周恩来论文艺[M].北京：人民文学出版社，1979：102.

郭兰英扮相俊美，有着做演员的天赋；但她超群的表演能力是后天刻苦努力的结果。

我们知道，艺术的本质是揭示人类灵魂深处的某些东西；表演的本质，是将所揭示的东西清楚地交代给观众。郭兰英在表演中能脱离自己，使身心都属于"舞台人物"，其所有活动都是舞台人物的活动，即如同斯坦尼斯拉夫斯基所说的那样，演员的"第一自我"被摆脱了。郭兰英为年轻演员排民族歌剧时的做法，即可视作对此的一个说明。

她的学生、扮演喜儿的雷佳曾说："在《白毛女》舞台艺术片的拍摄过程中，她（郭兰英）在排练场唯一一次跟我生气，是因为我与扮演杨白劳的演员在说红头绳时，他的动作比较慢，我就说，你快点。郭老师就说：'喜儿，你对爹什么态度啊？'我当时立马就意识到这个错误了。因为在排练场里，她从来没有叫过我雷佳。在她的概念里，进了排练场，你就是喜儿，就不是你自己了。"——这就是一个老艺术工作者所要求的"全身心投入"。

扮演黄世仁的武猛曾说："在拍摄《白毛女》舞台艺术片的过程中，有我们排写文书的一段，就是我（黄世仁）跟穆仁智逼杨白劳按手印。在对词的时候，我就乐了一下（笑场）。郭老师当时从台下就上来了，很严肃地对我说：'你知道你是在干什么吗？你知不知道这是舞台？不管是排练还是做什么，你都要认真对待。你在这个台上，现在就是黄世仁，你不能去想别的东西。'她那股认真劲儿，真让人敬佩！"

郭兰英在表演中还能充分调动起客体（观众）的想象力，使他们进入剧情中来，以使主（演员）、客体对于所演剧目产生统一的感觉。基于此，郭兰英的表演总是能取得成功。

"郭兰英在歌剧演出中，其形体的表现能力，可谓随心所欲，炉火纯青，为其人物形象的塑造增添了不少亮点。新中国成立前，她临时'救场'，首次饰演喜儿，当演至被黄世仁强奸后，她撕心裂肺地随着音乐的节奏跺脚高呼：'天哪，……刀杀我……斧砍我……'其情已令人心酸难忍，在接唱'娘生我，爹养我……'时，她扑通一声，跪在舞台上，使全场的观众和演员、乐队都情不自禁地落下泪来。这一'意料之外，情理之中'的人物动作，从此成为《白毛女》演出中的经典动作而保留下来；再如喜儿突然发现杨白劳死于门前，在凄厉的'爹呀！'叫声中，她以'跪蹉步'奔向遗体来表现其极度的悲痛（在歌剧《红霞》中，为表现女主角红霞被老乡误责后的痛苦心情时也用过此步伐）；又如喜儿唱'大河流水向东去'时，以碎步圆场来表现其焦急无助；在《窦娥冤》'托梦'中，她以僵尸碎步和水袖旋舞再结合演唱上的'鬼音'来表现屈死的冤魂；在《红霞》中，为延缓敌人追赶红军，红霞面对白伍德的挑逗唱起'十杯酒'，以游离不定的舞蹈身段来表现其机智与躲闪；以及在《数九寒天下大雪》（新中国成立前版《刘胡兰》插曲）的最后一句'管教她插翅难飞有腿难逃'的结束音上，以拳击掌并顿足来表现其坚定的信念。"[1]

郭兰英这些形体上的表演方法大都来自戏曲，她在科班时就经过了严格的手眼身法步的基本功训练，有了塑造人物形象的功底，郭兰英分析人物的能力则来自她对生活的体验，她善于体验生活，能透彻分析所刻画的人物，从而产生"内心视像"；所以她塑造的角色"像"角色，有真情实感，"装龙像龙，装虎像虎"。这正如演戏口诀所言："心内有物，心外有形，身随心动，眼为指引。"她能把内心所想，外化为行动符号。她忌讳只走外形、单

---

[1] 《中国歌剧史》编委会主编.中国歌剧史（1920—2000）：上册[M].北京：文化艺术出版社，2012：498—499.

纯模仿的"千人一面"的"空壳子"表演。她的表演,既有反映人物容貌体态、举止行为等见诸外形的"形象",又有反映人物思维感情、理想情操等不具形的内心活动的"意象"。意是心上音,是人物的意识。无形的意象、情操,通过可见、可闻、可感的行为表现出来,能动人心弦,能引人深思,这样,舞台人物的内心便透过程式符号外化出来了。

三、郭兰英歌唱与表演实例

需要说明的是,中国民族歌剧的声乐与表演两大元素,在演唱中往往是互相交织或衔接出现的。有一幅用拆字格撰写的舞台楹联:"唱字两个曰,曰喜怒,曰哀惧,无妨借口传话;戏(繁体字为"戲")字半边虚,虚山河,虚社稷,谁知动干闹戈。"其上句指演员借人物之口来说唱,来表达人们的喜怒哀乐;下句指演员用虚拟动作,表现典型环境中发生的典型生活矛盾。实际上,唱戏唱戏,"唱"与"戏"总是连在一起的。我们现以郭兰英在《白毛女》下半场中演唱的《恨似高山仇似海》为例,剖析她在歌唱和表演方面的特点。

《恨似高山仇似海》是《白毛女》一剧中长达十分钟的核心唱段,是以山西梆子、河北梆子、河南梆子等无板无眼的散板唱腔音乐为素材而写成,充分发挥了旋律的哀叙功能,强烈的抒情性又似西洋歌剧中的咏叹调;而郭兰英的精彩演唱将白毛女的情感抒发得淋漓尽致,因而这成为她的代表作之一,更被称为"中国民族歌剧艺术中的经典唱段"。

与郭兰英合作演出二十多年的"黄金搭档"柳石明曾说:"郭兰英是全国人民的女神,也是我心中的女神……郭兰英演《白毛女》跟别人不一样,是最棒的一个;她唱《恨似高山仇似海》,白衣服一换,舞台灯一变,她的手'唰'地举起来,把别人全震了。"

○○柳石明与郭兰英出演的《小二黑结婚》

白毛女那以白色服装与肢体动作结合的雕塑般的亮相造型，是郭兰英的独创。之所以能给观众如此的视觉冲击力，是因为她将外表的装扮和内心的情感完美地融合在了一起。

郭兰英说："在演唱《白毛女》'恨似高山仇似海'时，我把手型设计成像猴爪子一样微曲着，这是为什么呢？因为我真的跟着革命队伍在张家口爬过险峻的山，山上根本没有路，手必须牢牢地抓住岩石、树藤才能攀登。而我们有些演员没有这个经历，或者没有注意这种细节，在演唱时，手型就不会刻意保持微曲、有力的状态，就脱离了真实的人物形象。"[1]

斯坦尼斯拉夫斯基把舞台元素分为两类，一类是内在的心理体验，一类是外在的形体体现。演员要想塑造出具有血肉之躯的、富有灵魂的、活脱的人物形象，光有外在的形体体现还不够，必须把内在的心理体验也表现出来。那么郭兰英是如何由外表到内心，把白毛仙姑的心境表现出来的呢？

郭兰英在演唱前，首先确定该剧的基调是激愤的，其演唱速度是以中速为基础，并随着白毛女的情绪转化而自由转换的。

郭兰英起唱的第一句"恨似高山仇似海"，是一个高起高唱，中间别具特色地强调、突出不稳定音"4"尾音拖长的甩腔。郭兰英以舌尖顶着前头的牙齿，以有力的喷口，像子弹从枪膛里打出来那样，将"恨""仇"二字推出，如石破天惊，十分有力地渲染了白毛女内心烈火般的仇恨。接着，郭兰英斩钉截铁、字字千钧地唱出"路断星灭我等待，冤魂不散我人不死"；随后又在"雷暴雨翻天我又来"的"来"字上甩一个迂回婉转的大

---

[1] 中国民族歌剧创作座谈会专家、艺术家发言摘编[N].中国文化报，2017-5-11（005）.

拖腔：

（乐谱）雷暴雨翻天我又来！哎 （下略）

"来"字先在高音上盘旋，接着曲折地缓缓下行，郭兰英细心地控制着音量和气息，在后两小节，用衬字"哎"的守韵行腔，将最后一拍唱完。郭兰英将声情完美结合，在柔美委婉的演唱中蕴藏着哀怨和满腔愤怒，给人以"一声唱到融神处，毛骨萧然六月寒"的感觉。

拖腔后的间奏，是郭兰英精心设计的一段舞蹈化的动作表演。她将急步跑下山、用手臂遮风挡雨、在崎岖的山路上艰难前行等生活中的动作加以夸张、美化，又将戏曲中的跑圆场、滑步、倒步和类似水袖中的飞袖、拖袖、绕袖、抱袖等传统程式动作运用其中，创造了既舞蹈化又不失生活真实的造型动作。

剧中的喜儿，由于身居深山野洞，三年不见阳光，没有盐吃，头发都变白了。她在老林中穿行，在庙里偷吃乡亲们给菩萨送的供献，她同野兽、风霜雨雪作斗争，而支撑她活下来的只有一个信念——报仇。因此，她百感交集，对天倾诉："你可知道我有千重恨！你可记得我有万重仇！山洞里苦熬三年整，我受苦受罪白了头。"因旋律起伏跌宕，幅度较大，郭兰英就将第一句、此处以及全曲结尾处作为三次高潮，来推进和强化情感的表达。她将"我受苦受罪白了头"一句中的"白"字作为高潮，在腔、字、气、润上刻意修饰，将"白"字延长的时值唱满唱足，然后是下滑一个大七度的"了"字，之后再在

○○郭兰英演唱《报似高山沉似海》剧照

"头"字上拖一小腔。这一个大滑音犹如飞瀑急浪,一泻千里,给人一种"险腔"的效果,不禁令人叫绝。郭兰英还运用了节奏润腔法中的泣音断腔处理该腔。

```
1̲ 6̲ 1̲ 2̲ 2̲ (1̲ 6̲ 1̲ 2̲ 2̲) | 5̇ - - 6 |
我 受 苦 受 罪           白       了

5̲6̲ 5. 6̲ 3̲ 2̲ 1̲ 2̲ | 6̲ 5 - - |
头。
```

（下略）

在"头"字唱出后,用生活中哭泣时抽泣产生的泣音断腔,把喜儿三年受的苦、遭的罪,所有的怨气和深仇大恨,爆发出来。郭兰英以最强的力量,让观众哭,喜儿却不哭,因而产生了巨大的悲剧效果。

郭兰英受戏曲须生"抒须"动作的启发,设计了白毛女微微侧身,双手由上至下抒发,再用双手托起发梢,然后是摇头顿足的动作,使人物的悲、苦、仇、愤诸种复杂、强烈的情感一展无遗。在演唱"黑云头"的"头"字、"天河口"的"口"字、"千重恨"的"恨"字、"万重仇"的"仇"字时,郭兰英咬牙切齿地使每个字都带着沉重感弹出,为最后点出"要报仇"的主题作层层铺垫。至此,郭兰英成功地刻画出白毛仙姑那极具反抗的性格。

唱到"我吃的是树根、野果、庙里的供献,苦撑苦熬天天盼。老天爷睁眼我要报仇"时,郭兰英的演唱开始言语化了,即唱中有说的意味,把唱变成说,但同样还是优美悦耳。老艺人们常说"唱是说,说是唱"。此言不虚。"苦撑苦熬"一句,"撑"字为强拍上的弱音,"熬"字为弱拍,郭兰英在实际演唱时,用重音移位的节奏润腔法将之处理为:

$\underline{5}\ \underline{5\cdot}\quad\underline{\overset{\frown}{3\ 5}}\quad 6\ 6\cdot\ |$ （下略）
　　苦　撑　　　　苦　熬

她用强拍强音轻唱、弱拍弱音重唱的方法，把强拍和次强拍上的两个重音、重拍上的"苦"字用切分音将时值缩短，从而将两个弱音弱拍上的字给以突出和强调，以便更强烈地表达人物的内心情感。之后，情绪层层推进的叙唱陡然停顿，造成强有力的动势，紧紧扣住了观众的心弦，最后爆发式地唱出"我要报仇"，将全曲推向高潮而结束，令观众一起进入同泣同愤的境地。

咏唱毕，是大段的大幅度扑跌翻身的舞蹈动作，郭兰英独具匠心地在此糅进了芭蕾动作，极其恰当地表现出了喜儿复仇的决心，其对人物性格的刻画堪称完美。

郭兰英晚年不忘周总理的嘱托，在人民音乐家冼星海出生的地方——离广东省广州市约十四公里的番禺飞鹅岭创办了"郭兰英艺术学校"，开展了活态传承的工作，成果喜人。

作为中国民族歌剧的播火者、中国民族声乐的教育家，郭兰英有学生数千人。她教学生总是强调要"授之以渔"。她的艺术、她的为人影响了一代又一代人。

中国文联副主席、中国音乐学院博士生导师彭丽媛教授在《我和喜儿》一文中说："我听了郭兰英老师的实况录音（因各种原因和技术限制，她一生演出了众多歌剧，却未能留下一部影像），从中寻找和感受喜儿。学习郭老师的歌唱风格，再转化成自己的风格。……对照曲谱，反复聆听郭兰英老师1980年代演出《白毛女》剧时的录音。我多么渴望能亲眼见到仰慕已久的郭兰英老师，但她在'文革'中受迫害致使腰部重伤，当时旧伤发作，躺在医院，无法到排练现场，所以只能听郭老师的开盘带实况录音，从音乐中捕捉喜怒哀乐。对每首唱段，特别是重点唱段，精彩唱段，难度大的唱段，反复听，反复唱。如开场《北风吹》和《哭爹爹》，第三幕《刀杀我斧砍我》《逃跑》唱段，下半场《恨是高山仇是海》，十遍、三十遍、八十遍、一百遍，直听到磁带破损为止。"[1]

郭兰英给饰演《小二黑结婚》中的小芹的演员传授应如何在剧中首次亮相时说："你张嘴唱前，眼里要出现画面，唱时更要注意。……如何才能唱好'清粼粼的水来，蓝个莹莹的天'这一句呢？小芹是退着出场的，她在提防着怕爹妈看见。她转过身来先看二黑回来的路上，没见人影儿，一退看见'水'。此时的心情最要紧，应该是'水好、天好、我的心情更好'。形体动作应该是身体朝前，右腿朝后掖步成半蹲状，左手模拟提篮状，右臂伸出描写流水，演员要有雕塑感。伸出的手指千万不能是兰花手指，一兰花手就戏曲味了。一个指头指出去也应该是从内心出发的，是有目的性的，分寸要由自己掌握。眼睛要先看到'水'，水中又看见'云'，然后再从水中向上看，看到'天'。这时的眼神最重要，眼神，眼神，眼中要有神，眼传神，神传心，心再射出去给观众……"[2]

由此可见，仅一个出场和一句唱腔，就已将郭兰英的戏曲功底展露无遗——郭兰英用虚拟的手法，将在此时、此地、此情、此景中的剧中人交代得明白清楚，把一个在热恋中的青春美丽少女，活灵活现地表现了出来。郭兰英塑造人物形象的功力是多么深厚啊！

郭兰英能取得这么大的成就，与党和人民以及同侪的关心、爱护、支持与帮助是分不开的。1994年，她在"郭兰英艺术生涯六十周年学术研讨会"上发言：

---

[1] 彭丽媛.我和喜儿[J].人民音乐，2018，4：8—9.
[2] 《中国歌剧史》编委会主编.中国歌剧史（1920—2000）：上册[M].北京：文化艺术出版社，2012：500.

我走进革命大院，遇到很多老大姐、老大哥，像沙可夫、艾青、朱子奇、周巍峙、胡沙、乔羽、边军、徐捷、张光年、胡斌、王昆、孟于、英坚、叶扬、万晶、张奇虹等等，还有李波、于夫、前民等同志们，他们像爱护小妹妹一样地关心我、帮助我，给了我很多很多艺术润补的营养，像舒强、贺敬之、马可、刘炽、陈紫等专家们，指导我在艺术宝库里探索追求。现实中涌现着多少我的好姐妹、好大哥啊！

随着时间的流逝，我的心情总是感到不安，感到盛名之下，其实难副。因为我每走一步，都是党的教育，人民对我的培养，是老大哥、老大姐和一些跟我演戏的兄弟姐妹共同帮助和支持关怀的结果。老实说，我自己的成就太渺小了，无柴篝火是不能燃烧的，没有雨露，禾苗是不会成长的，这就是我内心的不安。对于老大哥、大姐们日夜的思念和感激，随时间的飞转，更加强烈而难忘……我要饮水思源啊。[1]

郭兰英说她要"饮水思源"，她是这么说的，也是这么做的，她的一生都在为党歌唱，为人民歌唱。

当然，郭兰英这些成就的取得，与她主观上坚持不懈地努力是分不开的。毛泽东在《矛盾论》中说："唯物辩证法认为外因是变化的条件，内因是变化的根据，外因通过内因而起作用。"[2]在学艺时，她首先理解"取法乎上，仅得其中；取法乎中，仅得其下"的深刻哲理，以"取法乎上"的目标来继承传统。

---

1 引自郭兰英在1994年"郭兰英艺术生涯六十周年学术研讨会"上的发言。
2 毛泽东. 矛盾论[M]. 北京：人民出版社，1952：5.

晋剧表演艺术家郭兰英

○○在《天河配》中郭兰英饰织女

一 学艺

捡回来的婴儿

1929年12月31日,在汾河之滨的山西省平遥县香乐村一个贫苦的农民家庭里,一个女孩呱呱落地了。她是这个家庭的第六胎,第五胎生下就夭折了。孩子的父亲名叫郭英杰,是一个老实巴交的农民,整日面朝黄土背朝天地为地主出卖劳力,但就这样也难以养活全家。孩子的母亲刘福荣是家庭妇女,爱看中路梆子(亦称山西梆子、晋剧),也会唱一些晋中秧歌(祁太秧歌)、民歌小调。

当时,社会动荡不安,物资极度匮乏,穷苦百姓生活艰难,这个家庭也不例外。看着这个刚出生的女孩子,父

○○郭兰英的父亲郭英杰、母亲刘福荣

母哭得泪水涟涟，觉得实在养不活，二人商量，与其眼睁睁地看着孩子在家饿死，不如眼不见为净。于是二人一狠心，这孩子就被扔在了村外的野地里听天由命。

孩子的姑姑刚经历了丧子之痛，得知此事，即刻三步并作两步，飞也似的跑到村外，捡回了奄奄一息的孩子，用自己的奶水，把她养到了三岁才送回原主。孩子的父母给小孩起了个乳名叫心爱。

师从郭羊成

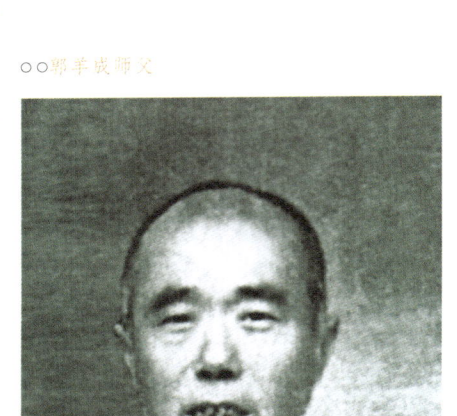

○○郭羊成师父

儿时的心爱受母亲的影响，经常一溜风地跑出去，白天看唱秧歌，夜晚看夺猴儿（指孝义皮影戏的演出），听惯了皮腔音乐，成为一个小戏迷。

心爱五岁时，拜本村的郭羊成为师学习中路梆子，工青衣。与她同时学艺的尚有师父的童养媳妇赵桂兰。她牢记"日日功，日日功，一日不练十日空"的戏谚，每天踢腿、下腰、念白、学唱，苦练不辍。

心爱七岁时，随其师搭山西省临县柏树沟芝伦班唱戏。一次，在县城圆圙台上唱《重台》，郭兰英饰陈杏

○○皮影戏《收五毒》中的人物：（右起）金蝉、蛇、蛐蜒、蜈蚣、蝎子

元，因戏台高，她年幼，个头低，观众只听见唱得好，却看不见演员，台下便叫喊起来。于是，师父让她站在小板凳上唱。观众看清了她，更是赞不绝口。后来，每逢演出《采桑》，她扮演白银环，要上椅子时，都是检场师傅抱上去的。人们看到这样小的娃娃童伶扮相这样俊俏，唱得又如此好，无不惊奇，遂称之为"神童"。郭兰英曾回忆那段生活说："跟着我师父在农村里头演出。唱完一个，等下一个台口。有台口，就继续赶路。师父把我放在驴背上，骑着驴。驴还驮着服装道具以及被子什么的。"她在临县唱戏，历时近一年，给群众留下了极为深刻的印象。

被桑氏收买

1934年，在榆次唱红了一个中路梆子女小生——"十一生"郭凤英。郭凤英何许人也？

郭凤英，生于1921年，榆次市郭家堡人，晋剧表演艺术家，工文武小生。她八岁时跟乞讨艺人"四杆旗"学唱，1931年拜师"万盏灯"王应锦（寿阳太安人，工旦角）。十一岁时，她随师搭平定县小阳泉村"五月

○○"十一生"郭凤英

○○1941年，为"果子红"丁果仙庆贺三十二岁生日的舞台姐妹。（左起）中排：郭兰英（十二岁）、任玉玲、梁小云、任玉珍、"筱金枝"黄蕊坤、丁果仙、"筱金梅"、"十一生"郭凤英、黄美娓、丁拉弟、郭美英；后排：董小楼、"筱桂花"、刘俊英、董翠红、"来娥子"丁艳霞；前排：董翠红的养女、董小楼的养女王爱梅、黄美娓的女儿冀萍、丁果仙的养女丁招弟、丁果仙的养女丁引弟（这张照片共计有二十一人，其中十三人是卖与他人做养女的，其余多是以童养媳身份进入戏班的。她们的遭遇是旧社会艺人苦难生涯的缩影）

鲜"商文武的戏班，先跑彩女当龙套，后演小戏中的小角色，如《遗翠花》中的小姐、《狐狸缘》中的三姑姑、《翠屏山》中的丫鬟莺儿、《吃盒子》中的刘成金妻等。十二岁时，她随师入寿阳阁庄阎宏祥戏班。她懂得"救场如救火"的道理，当同馆刘改凤因病不能登台演出时，她毛遂自荐，替其扮演《杀府》中的伍员，却因上场时未带宝剑，受到师父的责备："唱戏唱'细'，来不得半点大意，一定要记住这次教训！"十三岁时，郭凤英随师父自承的兴盛班到榆次上演《小别母》。演出海报须写上主演名字，郭凤英正是该班主演，但碍于传统思想，更怕写上真实姓名带来麻烦，又因她于十一岁登台演出，遂以艺名"十一生"登上海报。自此，她饰演了《双锁山》中的高俊保、《对菱花》中的丁郎、《打金枝》中的郭暧、《破洪州》中的杨宗保、《七星庙》中的杨继业、

《女写状》中的赵宠、《少华山》中的倪俊、《杀狗》中的曹庄、《铁冠图》中的王承恩、《锋箭头》中的陈伯玉等重要角色。

后来的几年中，郭凤英在太原、北平、绥远等地献艺，技压群芳。1941年，郭凤英返回太原定居，其父郭变小、母亲桑氏料理她的生活。1949年后，她任阳泉市新声剧团团长；1959年，调入山西省晋剧院，成为该院四大头牌之一。

1941年，郭家收买了十一岁的心爱，并为其改名郭兰英。郭家带她入由"果子红"丁果仙、"狮子黑"乔国瑞为班主的众梨园，她先后师从"福义丑"王福义、"九儿师父"张春林。

"果子红"丁果仙，生于1909年，乳名果子，字步云，直隶束鹿县（今河北省辛集市）人，启蒙师为"太平红"孙竹林，成名后又拜师"说书红"高文翰。她是晋剧须生大王、晋剧丁派创始人。中华人民共和国成立后，丁果仙先入太原市新新晋剧团，后调入山西省晋剧院，成为该院四大头牌之首。

"狮子黑"乔国瑞，生于1881年，乳名根林，山西

○○在《小别母》中，郭凤英饰石恩（左），冀美莲饰失节旦

○○丁果仙在《卖画劈门》中饰柏茂林

省太谷县浒泊乡中北岭村人。十一岁到太原县城（今晋源）入复庆班，无价卖身学大花脸；十四岁，因班内光让干活，不肯传艺，偷跑回家。接着，他自卖身价三千文，转入介休县义安村财主郭应兆所承的禄梨园刻苦学艺，立志"学艺不成不回乡"。十年后，他欲搭当时晋中平川的字号班聚梨园、锦梨园或坤梨园以提高技艺，但这三班的艺人个个身怀绝活、昆乱不挡，因其不会唱晋昆戏被拒之门外。他遂返回禄梨园，与班主商定，白干一年，以学习晋昆。班主于是延请蒲州名师焦大娃传授乔国瑞晋昆戏。一年后，乔国瑞学得《嫁妹》《功宴》诸晋昆戏，终于从二十五岁起先后成为锦梨园、自诚园、双义园等字号班社的台柱子演员，声名大振。后因他身高膀阔、额高脸大，二目炯炯有神，声若洪钟，动若雄狮，扮戏形神兼备，又昆乱不挡，观众赠他艺名"狮子黑"。1935年，"狮子黑"在北平广德楼戏院露演晋昆《嫁妹》《功宴》，深得京剧名宿梅兰芳、马连良、程砚秋、裘盛戎、翁偶虹的赞赏。他五十六岁时，应师兄大珠珠（胡林旺）之约到太原承办众梨园，被推为承事。他常以特有的晋昆戏上演于新化剧院，深得观众的喜爱，一直演到20世纪50年代初。

乔国瑞常助人为乐。据杜步信、张守平讲，1946年，京剧承芳社的名净袁世海与"小梅兰芳"李世芳等在太原承庆园演出。每日清晨，袁世海来开化寺乔国瑞下榻处与其切磋技艺，乔国瑞授袁世海晋昆《嫁妹》等戏。袁付乔酬金后，乔念及同人，将酬金归了大账，给全班人员破了小份。乔国瑞家乡有个孩子程会洲，家徒四壁，生活无着，乔国瑞便把他带在身边，还让他参加了新化剧团的舞台工作队。乔国瑞之子乔荣华十七岁参加革命，二十九岁英勇牺牲；其女儿乔喜云也因为解放区转送情报暴露身份，被阎军活活打死。

1957年5月，乔老身患重病，入晋祠干部疗养院医治。当时正值山西省第二届戏曲观摩演出大会召开，文化部观摩团团长程砚秋及山西省文化界领导、代表去探望他时，他一再要求回省城参加演出。他热情地说："让我演最后一场吧，我不能演《草坡》，还能演《嫁妹》呀！"不料几日后，他便带着深深的渴望和遗憾仙逝了。

老一辈艺术家在作艺做人上为郭兰英树立了榜样。

"狮子黑"乔国瑞在晋昆《嫁妹》中饰钟馗。此组剧照摄于1935年北平广德楼戏院

名师王福义、张春林

郭兰英的第二位师父是"福义丑"王福义。

王福义是山西省清徐县水屯营村人，工文武三花脸。他从小爱戏。1906年，十八岁的他去太谷的二锦霓园娃娃班坐科学艺。他先工青衣，师父发现他活泼机灵，是块演喜剧的材料，便让他改学文武三花脸。他上进心强，练功刻苦，练就了一身硬功夫。他身轻如燕，人送外号"干蕉叶"，至老都是奶声奶气的娃娃嗓音，这也为他的演出增添了喜剧色彩。

出科后，王福义曾在太谷的万福园、平遥的锦艺园、

榆次的十股班搭班。1938年,他来到"筱吉仙"张宝魁在太原鸣盛楼所承的新民戏院。无论在何班社,他都为挂头牌的三花脸,观众送他的绰号是"草上飞",其拿手戏有《蝴蝶杯》《三盗九龙杯》《三岔口》《佛手橘》和《金沙滩》等。据王永年在《晋剧百年史话》中称:"他(王福义)演《三盗九龙杯》有绝活(扮杨香武);前台吊根一二尺长的铁杠,出场飞身抓住铁杠,翻转如飞,瞬间以单腿勾杠,头下垂,使双臂和一条腿,左右旋转,一绝。……他住万福园时,一代名丑金大丑对其十分器重,在艺术上给了他许多教益,使他技艺日精,声誉日隆,成为当时最受观众欢迎的名丑之一。"[1]

王福义师父教郭兰英练功十分上心,一门心思地将她往正路上引,唯恐教得门路不对,把人练傻了、练僵了。因为他清楚,师父是给徒弟开门引路的,若门开错、路引岔,责任可不小啊!

他告兰英说:"唱念做打,唱字为首。你的嗓子挺好,一定要在唱工上下辛苦,唱出个名堂来。比如丁果仙,她的唱腔就很丰富,她能博采众长、融会贯通,把别的剧种的好腔吸收来,这才赢得了人们的称赞。"

师父的这段话,郭兰英记得很牢。1959年,她翻看《戏曲音乐》杂志,看到了和师父一样的说法:

丁果仙同志谈到她自己的唱腔时,她说,她初期的唱腔就吸收了小生和小旦的唱腔而加以改进。当时遭受到很多人的反对,老师傅们一听见她唱新腔,张口便骂,不许她唱。但是她唱到后来,旁人不但不说她,反而学她。以后她的吸收范围更为广阔了,如在《八件衣》一剧中,当

○○ 王福义

○○ "福义丑"王福义在《蝴蝶杯》中饰卢世宽

---

[1] 王永年. 晋剧百年史话[M]. 太原:山西人民出版社,1985:175.

杨知县被开封府提取重审,行至官店时的一段唱腔,吸收了上党梆子。

【流水板】节拍自由

3 3 #1 3 - | 2 5 3 | 1 2 - | 2 2 |
白 世 纲　　　接 马　　　你 你

3 5 3 2 | 2 1 1 6 | 1 - |
息　休　官

6 1 5 6 5 | 3 5 3 | 2 - ∨ 3 5 | 6 - |

7 2 - | 3 2 3 | 2 - | 1 7 6 5 6 |
店,

1 5 4 3 0 | 5 5 - ‖（下略）

在这段唱腔中,由第五小节"息休"两字开始,即吸取了上党梆子,至第十二小节的"店"字出现以后,才回到中路梆子上来。

在同一剧中,当杨知县、窦九成、马洪等一干人犯,到开封府堂被审讯时,杨知县因审错了案,出了人命,犯了错误而自咎又惊怕,心中忐忑不安,万分焦急。这一堂假使过不好的话,他就会有性命之忧。因此,他迫切希望马洪能依实讲来,弄清案情,好开脱他自己。可是他又不敢过于着急露出声色。为了适应这种情绪她大胆地吸收了越剧的叫板。因此,曲调一开始就表现出来一种希望的、寄托的情调。

叫板以后，即是他向马洪苦口婆心地诉说这场官司的利害关系。"马先生抬头看，封府堂不比阳郡堂，你家失盗依实讲来莫瞒藏。好好说了真实话，你我二人好还乡。你若不说真实话，马先生啊！一刹时你我二命亡"。这段唱腔最后的一句，她又吸收了豫剧的唱腔。

这一句唱腔的开始是豫剧，至"一刹时……"又回到中路梆子上来。以上所举的这些例子，如果不是丁果仙同志亲口讲出来，我们是听不出她吸收的是什么的。所以她说，吸收之后要加以融合变化，使之浑然一致。发展唱腔要结合剧情和动作，要注意剧种的特点，不可生搬硬套，免得使人家听起来格格不入。在创腔的时候，也还要结合自己的条件，自己的高音不好，既要锻炼，也不要净去唱高腔，勉强唱上去，也不会优美。相反的，嗓子高的人，亦不必一味走低腔，压住嗓子唱是很不舒服的。

> 由丁果仙同志所谈几点经验来看，一位艺术家不但要精通他的本行，而且还要具备其它方面的艺术修养。[1]

郭兰英听从师父的教诲，广纳兼收，她学习过河南梆子、河北梆子，也学习过京剧以及单弦、大鼓，她采纳众家之长而融于一体，树立了自己的艺术风格。

> （20世纪）60年代初，当郭兰英已经成为一个适应多种民族声乐演唱风格的艺术家时，她不囿于过去的经验，又回过头来学习更多种类的民族唱法。[2]
>
> ——赵沨

郭兰英的第三位师父是"九儿师父"张春林。张春林生于清光绪十二年（1886），北路人，工正旦兼老旦。他戏路宽广，会戏甚多，基本功扎实，一口地道的蒲白，梆板清利，做戏细腻。他成名后广收门徒，对弟子的四功五法要求极严。1933年，他任教于太原新城双义园，培育过不少晋剧名家，计有：郭兰英（青衣，后成歌唱家）、王志义（须生、三花脸）、杜玉林（须生）、白晋山（须生、小生、三花脸，后为鼓师）、刘致和（大花脸）、赵钰（二花脸）、樊占魁（武小生）、祁保柱（小旦）、胡德荣（老旦）、张玉龙（金牙丑）。

张春林任郭兰英之师时，已经五十五岁了。他慧眼识珠，十分看好郭兰英，几次向桑氏和郭凤英提建议："我

---

1 潘仲甫. 谈中路梆子须生的演唱方法——访问丁果仙同志[J]. 戏曲音乐，1959，8.
2 赵沨. 一字新生一颗珠——听郭兰英独唱音乐会的感想[N]. 人民日报，1963-10-26.

○○1962年，郭兰英回井探望自己的恩师之一"九儿师父"张春林

们艺人有句口头禅：'演员有条金嗓子，就等于祖师爷赐给了金饭碗。'依我看，兰英便是如此，还是让她学青衣为好。"于是，最后确定了郭兰英的角色行当——正工青衣——符合郭兰英嗓音突出的特点。

口传心授

人常说："井掏三遍出好水，人从三师技艺精。"郭兰英之所以后来能成为晋剧表演艺术家，与三位恩师的辛勤教导是分不开的；当然，不可否认的是，她念兹在兹、勤学苦练的内因在其中起了主导作用。

三位恩师是如何教郭兰英的呢？

旧时在戏班，学戏也叫"打戏"。有句顺口溜："打戏打戏，非打不记。一天一顿，欢喜不尽；三天不打，上房揭瓦……"练功，即使晚上睡下也不消停，必须把腿掰到脑袋后面，头枕着腿睡，每隔一小时，师父用小棍把徒弟敲醒，换另一条腿继续枕着来睡。这是规矩。

郭兰英的三位师父都是采用晋剧科班的教授方法，即"口传心授"法教授郭兰英。

郭兰英曾就怎样练声、怎样表现、怎样咬字等问题作专文，现引述如下：

> 每天清晨四点，我们就空着肚子到野外去练声。开始并不大唱，而是"喊嗓子"。师父教我们喊"唔"和"啊"（唔是闭口音，啊是开口音）两个字，"唔"字发音时由小肚子（实际上就是一种胸腹相配合的呼吸法，并非把气也吸到小肚子里了），经鼻腔共鸣再从嗓子里出来。"啊"也是从小肚发出，但没有鼻腔共鸣，是圆的。喊"唔"或"啊"字时，也有高低音的变化，但极简单，喊上十分钟到二十分钟后，嗓子眼里"热火"了，就是"润"了。再接下去念道白。道白的声调比唱低，比说话高。每一句道白中，有高有低有强有弱。作用是练声音又练咬字。我初学时，常练的一段道白《三娘教子》。念到"出溜儿"时，即嗓子眼滑了就好了。接下去才用戏中的腔调来练习。喊嗓子和念道白是为练唱作了很好准备。[1]

---

[1] 郭兰英.从山西梆子看传统的中国唱法[M]//中国音乐家协会编.音乐建设文集：下册.北京：音乐出版社，1959：1442.

在太原时，是师父领着郭兰英与其师妹郭美英一同去海子边练声的。

郭美英，山西省平遥人，主工刀马旦，后改青衣。她十岁登台，从事晋剧舞台演唱艺术三十五年，从事教学工作十六年，演出剧目有《坐楼杀惜》《二娘写状》《游龙戏凤》《杀狗》《鞭打芦花》《断桥》《贺后骂殿》《三娘教子》《金水桥》等七十余出。20世纪40年代初，她跟随大姐郭凤英、二姐郭兰英一起学艺。1945年，她入察哈尔省旧剧联合会第四分会（地址设张家口东关旧戏院。1949年11月中旬，剧社改为兴民晋剧社）。她表演细腻入微，唱腔梆子味浓郁，上演了《阴魂阵》《英杰烈》《贩马计》《梅绛亵》《王宝钏》《秦香莲》等戏。1952年，她以《打金枝》（饰昇平公主）获察哈尔省张家口市戏曲会演青年演员一等奖。1953年，调入山西省阳泉市晋剧团；1954年，调入清徐县晋剧团，与小生安冬梅合演了《凤仪亭》《蝶双飞》等戏。1956年，她调入太原市晋剧团，之后主演了《刘胡兰》《江姐》《沙家浜》《红霞》《迎春花》《不准出生的人》《红珊瑚》和《春雷》等现代戏三十余出。1959年，在太原市戏剧汇演中，主演了《算粮登殿》（饰王宝钏），获太原市青年演员一等奖。她还曾任太原市第六届人民代表大会代表。"文化大革命"后，她被调入山西省戏曲学校任教，教学剧目有《断桥》《三娘教子》《大堂见皇姑》《算粮登殿》等，培养出芦变嫦、栗桂莲、陈红、郭素梅等青年新秀，他们后来都成为舞台中坚。1980年7月，她在"全国戏曲教学声腔交流学术研讨会"上发表《戏曲唱腔发声与西洋歌剧发声之我见》一文，受到好评。1999年12月，她获山西省文学艺术界联合会"从事文艺工作五十年纪念奖"。2000年离休，2018年去世。

这里需要说明的是，本书中登出的郭氏三姐妹照是三

○○1961年赴京演出前，郭氏三姐妹合影于太原迎泽宾馆。右起：郭凤英、郭兰英、郭美英

人唯一的一张合照，这张照片一直由年龄最小的郭美英珍藏在二姐郭兰英送给她的一只俄罗斯皮箱内。这张彩色照片是著名摄影家顾棣为她们姐妹照的。在笔者撰写《晋剧名生郭凤英》时，郭美英曾与笔者交谈过，她非常怀念和二姐郭兰英一起在郭家学艺时的艰难岁月。她说那时不管身体好坏，她们每天总要不间断地练声三四个钟点。

郭兰英当年除了在海子边喊嗓子外，还会对着墙壁喊，喊完后，墙上会被喷湿一片——从中就可以看出喊嗓人的功夫深浅；她还会伏在冰面上喊嗓，直到把冰面呵出洞来——从洞的深浅，也能看出喊嗓人的道行来。这正是：

日每清晨海子边，兰英美英喊嗓忙。
唔啊之音耳不绝，银铃一般动心弦。
风雨无阻不间断，面对墙或冰来喊。
呵冰消化看道行，墙湿显示功深浅。

郭兰英也曾说过她们那时如何学艺：

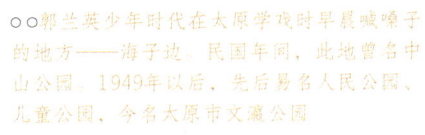

○○郭兰英少年时代在太原学戏时早晨喊嗓子的地方——海子边。民国年间，此地曾名中山公园。1949年以后，先后易名人民公园、儿童公园，今名太原市文瀛公园

"师父教唱，主要根据徒弟的具体情况。鼻音太重的，就光念道白。位置不对时，也不许唱。每个人的毛病不同，每天的情况也常有变化。我们有好几个师父轮流教，但方法是统一的。所以虽然换了人，也并不妨碍教学。

"除了'喊嗓子'外，还要'勾嗓子'，'吊嗓子'。

"所谓'勾嗓子'是唱时双手举起，一腿抬高。如能在这种情况下唱得位置正确，运气从容，那就表示唱工已经得起考验了，正式唱戏时，不会感到费劲了。同时，因为我们上台时常须边舞边唱，甚至表演栽跟斗时都要唱，这种勾嗓子的办法，可以锻炼这方面的能力。

"所谓'吊嗓子'，是一种特别的唱法，我们叫做'拉二音'，就是把气逼在里面，唱高音的'咿……'。换气的方法，和正常的相反。因为唱时气是往里吸的，换气反是往外呼了。这种唱法，很易累，但有它的特色。因为音细而尖锐，用在表现悲和喜时有独到之处。'吊嗓子'除了练'咿'外，有时也练'唉''咳'。我学时常唱《打经堂》中的'五花腔'。（唱："人生在世，再长岂有一世，唉……咳……唉……咳……"）这段相当复杂，其中有腔有肉，唱着是否有气有韵，就以此为考验。

"以上介绍的是练声方法。

"关于表现方法，所要解决的就是怎样运用各种声音，来表达喜怒哀乐等不同情绪。这方面，师父并没有从分析感情着手来启发我们，只是很形式地说这里该哭，那里该笑。主要还是靠自己去揣摩，去体会，去创造。现在就各种不同表现法来举例说明。比如《大登殿》中，表现喜的一句（唱：'用目观……看……'）就是用细美的声音，在'观'处拐个弯儿来表达喜的情绪。表现怒时，出气较慢，嗓子压下去一点，发出的音比较有力（唱《王宝钏》中一段）。哀常用低沉的声音，有时带几分颤抖（唱）。乐与喜又略有不同，带着几分轻巧（唱《打金枝》中一段）。要再分细致些，哭又有种种不同性质，不同身份者的不同哭法。比如花旦哭得就比较轻而脆……

"咬字方面，主要是通过道白来学习。我开始学时说《三娘教子》中的'你奴才今天……'，根据子音母音的性质，咬字的部位不同，可分唇边声、牙根声、嘴里声、舌尖声、圆气声等等。如'片'是唇边声，'四''妻离子散'是牙根音，须舌与牙根使劲。'无''我'是圆气声，'臣'是嘘出音，'人'是卷舌音。旧戏对咬字十分注意，'唱戏唱戏'，唱戏不但用嗓子，还要用字。因为听唱戏而听不懂字句，就根本不能满足观众要求。不管嗓子怎么哑，声音有什么缺点，字咬清了，观众还是欢迎的。如果声音虽美，而咬字含糊，一旦嗓子沙了，那就准会'扫了饭碗'。咬字要恰到好处，有时太过分，咬'劈'了，就'吃栗子皮'了，不象原来的字了。练道白时，一个个字清楚地咬，要咬'烂'了才好。比如'天'，须分解成'替……安……'。慢慢吐出，才叫做咬'烂'了。另须注意的是，字音出来后，须有'回音'。即字尾的波动。这'回音'，有时是根据字音的上下趋势，例如'水'即往上回。有时也可违背语言的自然规律，根据情绪的需要，而加以夸张的。例如'杀'是平声，可是为了加以强调，可以用回音使之曲折有力。

"关于口形与咬字的关系，主要以能清楚送出字音为目的。口形的变动，就是为了使一字一字能依照其特点而送出。口形不对，会影响字音。例如'军'是'居—恩！'，如果嘴唇太往前伸，就变成'居—翁！'了。

"'师父引进门，学习在个人'。由于旧的练声方法不够系统化，有些地方不科学，所以能揣摩到的就学成了，但也有把嗓子喊破了以致一辈子不能再唱的。极端成功和极端失败的，大概各占十分之一。很多人学出来就是能平平常常唱几句。学习的进度也很不一致。比如我自己学了一个月以后，就唱长至二十分钟的《二度梅》了。有些人学了两、三年，都还不能唱一句的。

"这样的唱法，有它的优点和缺点。主要的缺点，我认为是训练方法不够科学。有时，冬天要伏在冰上练声，冬天刮大风也得张大了嘴，对着风喊。身体不舒服，有病，也还是要练。早上四点到八点练完声后接着还要练两个钟头武功。十点，早饭之后到十二点，又要勾嗓子。下午，要吊嗓子。晚上，要念戏，要参加演出。到夜十二点，才能睡觉，有时，一天只睡两小时。因此，唱旧戏的人，多数身体很坏。说话时，嗓子是哑的。这种摧残健康，不知保护声带的训练方法，是绝对不可取的。

"但是在唱法本身，我认为是有不少优点的。在声音方面只要掌握到正确方法，出来的声音就结实有力。由于咬字注意，选曲适当，就天然带有民族风格。唱久了，既不会累，声音大而又传得远。唱得好的音质也很美。高音也用假声，但也很自然。另外咬字清楚更是最大的优点。"[1]

关于表演，郭羊成师父教郭兰英的比较浅显，多是

---

1 郭兰英. 从山西梆子看传统的中国唱法 [M] // 中国音乐家协会编. 音乐建设文集: 下册. 北京: 音乐出版社，1959: 1442—1446.

一些常识性的启蒙知识。郭兰英到太原后，王福义和"九儿师父"教她和郭美英的表演艺术就比较系统了。二人所传授的晋剧旦角表演艺术，综括起来，即是演员的"四功"——唱、念、做、打，"五法"——手、眼、身、法、步，这些将在附文中详细介绍。

晋剧老艺人在自己的演出实践中，还创造了"七哀八哭二十四笑"的表演程式，郭兰英学得很好，并有所创新。

"手、眼、身、法、步""七哀八哭二十四笑"都是戏曲程式，都是为塑造人物形象服务的。晋剧戏谚云：唱戏是唱情，做戏是传神。演者不动情，观者不同情。这就是说，演员创造角色，还得"钻进去，跳出来"。所谓"钻进去"，就是入乎戏内，认识角色，理解角色，从内心对自己所扮演的角色有深刻的体会，然后就"跳出来"，即出乎戏外，根据自己的体会选择适当的戏曲程式动作来加以体现，以"形神兼备"的表演、真挚的感情打动观众，从而达到塑造完美人物形象的目的。

在做戏上，晋剧老艺人体会颇深。他们说："有人说，假戏要当真的演。依我们说，假的也可以假演。比如演佘太君百岁挂帅那出戏，当时杨六郎的夫人柴郡主按说年龄也在七十岁开外，杨宗保与穆桂英也已年过半百了，而舞台上并不按穆的年龄以老旦扮，而是以青衣扮，自然要比婆婆年轻些。如果苛求真实，就是八姐、九妹，也均在六七十岁，那么满台都是黄绢覆头，皆为老旦，还有什么艺术性可言？"所以，晋剧艺人总结道：

假（虚）的多，真（实）的少。
假字上，寻巧妙；
真字上，找折套。
有时要会捏，有时要能造。

> 真假有时分，有时也相靠。
> 活路要吃倒，戏才能唱好。
> 戏文不吃消，唱戏白狼嚎。

多年来，老艺人们对塑造角色的最大感受是：角色形象塑造得成功与否，与演员平时的生活积累有密切关系。舞台实践证明，演员在平时越深入生活，就越能创造出准确、鲜明、生动的人物形象。这说明了艺术源于生活而高于生活的道理。

总之，师父们教得认真，一招一式，从细节入手；郭兰英学得认真，不论是师父教的，还是从生活中学会的，她都牢记于心。这为她日后在晋剧舞台上充分发挥自己超凡的能力与才华，用自己可掌握的表演艺术叙演故事，从而塑造出具有喜怒哀乐悲苦恨各种思想感情的艺术形象奠定了坚实的基础。

二 献艺

初出茅庐　一炮打响

郭兰英十三岁时，经承事"狮子黑"乔国瑞的同意，可以在坐落于太原闹市的演出场所新化戏园登台演出了。

过去的戏班有个行规，头等角儿演出的戏叫作"大轴戏"，即大本头的戏，写海报时是把这角儿的姓和名（或者艺名）分写在几大张黄纸上，每张纸上只写一个大字，写好后横贴在台口两侧的墙上，观众形象地将这样的角儿称之为"躺着的"。如果是两位头等角儿同演一出戏，两位的海报就分贴在台口左右，各占一侧，不分高低，否则就会引起不必要的纠纷。这种戏一般是内行人看得多。

二等角儿演出的戏叫作"靠轴戏"，亦名"压轴戏"。此种戏也许是一出，也许是两出，视整场演出时间长短而定。海报上演员名字的写法是，一起写在一大张纸上，姓在上，名字写在姓的下边，构成"品"字形（当时演员艺名大都为三字），名字好像坐着一样，人们形象地将这样的角儿称之为"坐着的"。看这种戏的人大都具有一定程度的欣赏能力。

三等角儿演出的戏叫作"帽儿戏"，亦称"垫戏"，即开场的小戏。此种戏海报上演员名字的写法是，字比前两种小很多了，一大张纸上一般要写三个人的姓名。姓名由上而下竖着写，像人站着似的，人们将这样的角儿称之

○○郭兰英（左）与程玉英久别重逢后交谈

为"站着的"。这种戏普通观众，包括儿童看得多。

郭兰英在这个剧院演出的第一出戏是《三娘教子》——"站着的""帽儿戏"。她饰王春娥，"小果子"马秋仙饰老薛保。她们二人的嗓音都特别好，郭兰英一个叫板"我好苦也！"便获得满堂喝彩。

随着时间的推移，郭兰英的名气打出去了。桑氏带她转入由邱德才、张宝魁、贾万荣、刘青祥、郭子泉、"一点红"王有福共同承办的六大股班，在太原新民大戏院（今长风剧场）演唱《火焰驹》，郭兰英饰黄桂英，"九儿师父"饰老旦。在新化戏园时，黄桂英一角是由有点名气的程玉英扮演的，"九儿师父"担心郭兰英扮不好，反复给她排练，直到他认为没问题了，才让郭兰英登场。演出时，兰英使出浑身解数，取得了十分好的效果。没多久，兰英在海报中也进入了"坐着的"行列，成了二等角儿。她的名声在太原越来越大，只要她的海报一贴出，戏票总是一卖而光。

音色甜润　轰动张垣

20世纪40年代初，从太原清徐县孟村娃娃班出科的赵步桥执掌了南营坊的同德戏院戏班。一次，他见"十一生"郭凤英代替他的原配夫人筱桂芳出演小生赵云一角，唱得出类拔萃，便撺掇桑氏、郭凤英一家来张垣，即今张家口，驻他的戏班。他连吹带拍，竟然说得桑氏一家动了心，一家人带上郭兰英来到了张家口，搭了赵步桥的班子。

张家口的情况是令人乐观的。什么情况呢？清末民初，民谚云："东口到西口，喇嘛庙到包头，老醯儿梆子遍地走。"东口，即指张家口、宣化一带，这说明张家口是山西梆子的主要流播地区之一。我们知道，晋剧在张家口的广泛流布，与晋商有非常密切的关系。"清光绪中叶，宣化知府之子吴闰青曾在《塞北戏剧异闻》中记载：'张家口为塞北重镇，故俗有旱码头之称，北通库恰，南达京津，十里长街，上下两堡，商务则以晋人所营之茶庄、票庄、钱行为最盛，是以山西人于张垣具有最大之势力，因之所演之戏，亦以山西梆子为主。'"[1] 商路即戏路，因有晋商经济上的资助，民国初年，山西不知有多少晋剧名伶向往着口外。闯口外，特别是张家口，对他们而言有着巨大的吸引力；因为那里是名伶荟萃、百花竞放、流派纷呈的艺术宝地。随之，山西艺人把张垣视为了晋剧的第二故乡，也出现了"先在东口唱红，再回山西才行"的民谚。

起先，晋剧旦角全是乾旦，最早不超过民国二年（1913），晋剧发展史上第一代坤旦在东口诞生。最早的坤旦是"一条鱼"的女弟子"大女子"王桂芹、"二女子"王桂香；接着便是"大妞妞"田淑珍、"二妞妞"田桂珍、"筱金蝉"杜金娥，"绿果子"武荣华也是这时出现的；再往后才是"筱金枝"苗蕊玲、"筱金梅"、"筱桂桃"杨丹卿等。

坤伶出现不久，就风靡晋剧舞台，原因有以下几点：

第一，坤伶扮装漂亮，妩媚动人。男人唱旦，化妆后

---

[1] 张林雨.山西戏剧图史[M].太原：山西人民出版社，2002：152.

○○1943年，十四岁的郭兰英在晋剧《算粮登殿》中饰王宝钏（在张家口同德戏院演出）

尚能招徕看客，何况女子装扮出来，那更是胜过男人数倍。

第二，坤伶嗓子条件优越，不变声。乾伶倒嗓须经二三年，且十有八九倒坏，被迫唱零碎或改行，坤伶大多不坏嗓子。

第三，坤伶捧场的人多。把持张垣经济命脉的山西商人最喜捧坤角儿，花钱不在乎。

第四，坤伶红得快。她们只要学会几出戏，就能唱红。

"坤伶的出现，活跃了戏曲舞台，丰富并发展了旦角唱腔艺术。"[1]

东口有一批高水平的观众。这些人大多是晋籍商号的掌柜、伙计，酷爱家乡戏。许多人不但能拉会打、能唱会演、学谁像谁，而且还通文理，会说戏、编剧词。他们对本地及外埠演员的唱念做打、成败得失，评头论足，又因与戏班承事、掌班、名伶都熟识，捧起场来也颇为卖力。从一定意义上说，是一代好观众培养出了一代名伶。

郭兰英就是这些名伶中的一个。

郭兰英首场挑大梁演出《算粮登殿》，她饰王宝钏，因扮相俊美、嗓音清脆、吐字清晰、做功细腻，一鸣惊人，没几时便红得发紫，轰动塞外山城，从此跻身"躺着的"海报。同时，张垣城传出了赞美郭兰英艺术的民谣。

> 宁卖二斗红高粱，也要听郭兰英唱一唱。
> 误了相亲坐席，别误了看郭兰英演戏。
> 不怕误了住店，也先看郭兰英的《算粮登殿》。
> 宁愿少吃一顿饭，也要看郭兰英的《明公断》。

---

[1] 张林雨，张志永.塞外戏曲源流及中北路梆子史[M].太原：三晋出版社，2014：319—320.

郭兰英为什么会获得如此好评呢？笔者再次仔细聆听她当年的晋剧唱段，从专业的角度总结出她的演唱之所以令人人叫绝的原因：

首先，她有一副独特的天然好嗓子。但这还不够，因为有好嗓子的人很多，却不是个个都能唱好。重要的是，郭兰英很会唱，咬字吐音准确，字正腔圆，五音四呼掌握得特别好，能唱出甜美的音色。她还有一个诀窍：在唱腔旋律中，若遇"4"音，便以微升来处理；若遇"7"音，便以微降来处理；凡碰"3""6"两音，则增强演唱力度。她控制得恰到好处，能将歌曲的旋律和意趣情韵，借由腔调展现出来，从而达到了完美塑造人物的目的。

在张家口，郭兰英结识了一位晋剧表演艺术家牛桂英。

牛桂英，山西省榆次市张庆乡小张义村人，母亲早亡，父亲是个庄户人。她六岁便在邻村做童养媳，过着挨打受骂的生活。八岁时，好不容易才脱离婆家，父亲带着她在榆次靠拉车卖煤度日。他们租住的院内有个董凤来戏班，桂英耳濡目染，便爱上了这一行。

一天，懂事的桂英对父亲说："爸爸，让我学戏吧！"尽管父亲深知学戏的艰辛——"打戏打戏，不打不

○○20世纪30年代末到40年代中期，与郭兰英在察哈尔省张家口同德戏院一同演出的晋剧坤角。前排左起：乔玉仙（须生）、刘艳琴（小旦）、刘艳秋（小旦）、刘彩凤（青衣）、筱桂芳（小生）；后排左起：凤琴（小生）、祁艳云（青衣）、白翠香（小旦）、牛桂英（青衣）、李玉环（须生）、王桂兰（须生）、兰花（青衣）、李玉铸（小旦）

○○在晋剧《翠屏山》中郭兰英（左）饰潘巧云

○○1945年，十六岁的郭兰英在张家口出演晋剧《天河配》中的织女

晋剧表演艺术家郭兰英

记"，但经不住院邻崔某的说合便应允了。于是，桂英便拜梁柱为师开始学艺，工须生。

九岁时，桂英转拜"二牛旦"李庭柱为师。根据她的自身条件，师父让她改工青衣、花旦。师父教导她："演戏是演人哩，虽然戏是假的，但要当真的演，要演谁像谁，不能总是一个模样！"还告诉她要博采众长，以能者为师。

桂英天赋条件好，中等个儿，身材匀称，鸭蛋脸，大眼睛、大鼻子，嗓音悦耳甜润，唱串板乱弹像潺潺流水，迄今无人可及。

桂英学了几年后，于十三岁开始登台，她随师父在太原、阳泉、平定一带演出，小有名气。十八岁时，侯德全将她及其父亲、师父一起叫到张家口。在此，她先住懿万山的班子，后随班去西口一带演出，有幸与"盖天红"王步云合演了《四郎探母》《未央宫》《九件衣》等戏，并领略了王步云行腔美、韵味浓的唱腔。

回张家口后，她在同德戏院演唱。当时在此班她已挂了头牌青衣。她的戏不多，但演得好、唱得好，观众挺捧场。她曾与"五月鲜"刘明山合演《蝴蝶杯》《玉虎坠》《火焰驹》《美人图》，《拾万金》她演前部，刘演后部；与"十二红"刘宝山合演《松棚会》。她还与"京二黑"王正魁、"水上漂"王玉山、"彦章黑"萧亮、"筱桂桃"杨丹卿、"懿莲春"乔玉仙等名家同台演出。郭兰英在这个时期也已开始与名家同台演出。1944年、1945年，她分别与丁果仙、郭凤英在张家口参加演出，与丁果仙合演了《清风亭》《八件衣》《四进士》《芦花》等戏。她非常珍视这样的机会，广撷博采，为今后形成自己的风格打下了坚实的基础。

牛桂英曾在自己的回忆录中提及郭兰英："郭兰英随养母一家来到张家口，与我们同台演出，先在同德戏院，后转到桥东地区的新新剧院，郭兰英上演了《金水桥》

《血手印》等戏，后来我们一同排演了连台戏《金鞭记》《西游记》等。"[1]

她（郭兰英）天赋有一副好嗓子，扮相俏丽，演戏很有灵气，极受观众的欢迎。[2]

——牛桂英

1949年后，牛桂英回到山西太原，入太原市新新晋剧团；1959年，调入山西省晋剧院，后成为该院四大头牌之一。

郭兰英在张家口的三年间，演出了上百出晋剧剧目。她的表演，受到广大人民群众，包括文艺工作者的喜爱，华北联大的戏剧教师胡沙同志就是这其中的一员。

1946年我在张家口时喜欢看郭兰英的山西梆子。

郭兰英有什么吸引我的兴趣的呢？她当时的声音挺脆，挺亮，唱得好听，她才十六岁嘛。板头、字眼都好。但我更喜欢的是她的台步，特别是她在台上走起云步来，我觉得特别轻盈。真有点飘飘欲仙的劲头。……花钱买票去看她的戏，说实在的，就是想看一看她在台上走云步，跑圆场也可以。只要她在台上走了云步，或者跑了圆场，我就觉得我今天没有白来，下次还想再来。她就有这么一种魅力。[3]

——胡沙

1　赵志冲编.牛桂英舞台生活回忆[M].太原：山西人民出版社，1993：67.
2　赵志冲编.牛桂英舞台生活回忆[M].太原：山西人民出版社，1993：67.
3　胡沙.看山西梆子回忆录[J].山西文史资料，1994（2）：11.

三　参加革命

初识红色戏剧

1945年8月23日，晋察冀八路军以迅雷不及掩耳之势解放了张家口。张家口是第一个被八路军解放的省会城市。

由著名教育家成仿吾任校长的华北联合大学于9月初迁入张家口，华北文工团到达张家口后并入该校，更名为"华北联合大学文艺工作团"。一大批来自延安等抗日根据地的革命文艺工作者云集张家口，广泛开展了前所未有的革命文化运动，当时的张家口被誉为"第二延安""东方模范城市""文化城"等。

1946年的一天晚上，郭兰英在新新剧院演出大轴戏《血手印》，她饰王桂英。当她听说当晚在解放桥头的人民剧院（现人民影院）将上演由华北联大文工团和晋察冀军区抗敌剧社联手演出的新歌剧《白毛女》时，就背着桑氏偷偷地跑去观看。她看得入了迷，还联想起自己在桑氏家学戏的血泪史：藤条、皮鞭是家常便饭。学徒文约上还有这样的字句："学徒期间，若有三灾六难，生疮害病、投崖奔井、狼伤虎咬等情况，与桑氏一事无干。"她心想："世上竟有这样的好戏！喜儿的悲惨命运与我是何其相似啊！"

○○华北联大文工团、抗敌剧社于1946年1月在张家口人民剧院联合演出《白毛女》

○○田华在打霸王鞭

> 郭兰英：剧中人喜儿哭我也哭，简直哭成了泪人儿；喜儿笑，我也笑逐颜开；喜儿受虐待，我抚摸着腿上跪搓板的伤痕；喜儿挺身反抗，我攥紧双拳直挺腰！

郭兰英觉得，台上的喜儿仿佛就是她，桑氏就是黄母和黄世仁。《白毛女》唤醒了她的阶级意识，使她产生了"我要演这样的戏！"的念头。戏演到喜儿逃走时，她听见锣鼓声，因新新剧院与人民剧院相距仅两百米左右，她听得清清楚楚——新新剧院的武戏锣鼓在敲，正在上演《定军山》，第三个戏一结束，第四个戏就轮她上了。她猛然间感到非常惊慌，脑中闪过了"误了戏可了不得"的念头，拔腿就往新新剧院跑。上后台时，她一踏左边的梯子，一脚踩歪，险些摔倒，好在没误了演戏。她三下五除二地化完装，完成了演出，但就这也遭到了桑氏的一顿毒打。桑氏打人的方法是"撕嘴掏苦腮"——那是钻心地疼，桑氏边打还边

○○ 贾克，摄于1946年的张家口

○○ 华北联大文工团团长吕骥（右）、副团长周巍峙（中）、张庚（左）

骂："你看那干什么？"

同年，郭兰英看到抗敌剧社的田华在人民剧场的楼顶练习打霸王鞭，又看到华北联大文工团组织的秧歌队在队长晏甬、副队长胡沙的率领下，在张家口街头进行宣传演出，她羡慕不已，心想："我要也能像他们这样，该多好啊！"

萌生革命愿望

此时，我党的文艺工作者何迟、贾克、刘流、王久晨和朱叶等，在中共张家口市委宣传部下设的戏剧工作委员会工作，他们深入旧剧界，与演员们一起开展了"旧戏改革"工作。他们首先组织全市的戏剧界人士完整地观赏了新歌剧《白毛女》。郭兰英看完戏后，《白毛女》"旧社会把人变成鬼，新社会把鬼变成人"的主题思想一直萦绕在她的脑际，她夜不能寐，开始思考如何才能砸碎这条套在自己精神上的沉重锁链。

不久，戏剧工作委员会下设了四个分会场，分会场分别设在庆丰剧场、同德戏院等处。第三分会场设在郭兰英所在的同德戏院。这个分会场的演出特点是晋剧、京剧同台，同一出戏演唱梆子、皮黄两种声腔，俗称"两下锅"。该分会场上演的第一出现代戏是由关玉峰、殷元和合作编导的《日寇离张记》。该剧名角荟萃，由关玉峰饰人力车夫、郭兰英饰小兰、牛桂英饰赵大婶、"金铃黑"郭寿山饰郭翻译、殷元和饰小兰爹、"金景奎"金铃魁饰金翻译，演出效果颇佳，观众反响强烈。在另一出现代戏《枪毙白面犯》（后改名《戒毒强国》）中，郭兰英饰月饼妻、关玉峰饰月饼，该剧也令观众耳目一新。

工作队的同志们经常给演员们讲革命的道理。朱叶说："剥削人的人在这个世界上终究是站不住脚的，他们必然要被推倒。"上述现代戏，对郭兰英也影响甚大。在工作队同志们的帮助下，郭兰英终于明白了：要翻身得自由，必须和封建班主、桑氏一伙以及他们所代表的阶级彻底决裂。她把自己所受的欺压、迫害，一股脑儿向工作队倾诉出来。工作队队员问她："兰英，你敢不敢在大会上说一说？""敢！"郭兰英斩钉截铁地回答。

1946年三八妇女节，在张家口戏剧界斗争汉奸、特务、戏霸赵步桥的大会上，年仅十七岁的郭兰英勇敢地站上台，将她在旧社会被视作"下九流"——"王八戏子猴，修脚学剃头"七十二行中最低的一行，受班主宰割、受师娘桑氏剥削的事和盘托出。她和大家一起揭露了赵步桥，斗争了桑氏。这些革命行动，使郭兰英提高了阶级觉悟，萌生了参加革命文艺工作的愿望。

走上革命征程

1946年6月，国民党反动派悍然撕毁了"双十协定"。10月初，国民党军队逼近张家口，我军奉命作战略

○○刘流

○○何迟

转移。郭兰英第一个在新新剧院的化妆室里报名，要跟上队伍，参加华北联大文工团。

郭兰英：我看到了《白毛女》，自己决定，不唱旧戏了，因为戏子被人看不起，低三下四，我要争这口气，我就不信艺人没出息。

郭兰英的母亲之前从山西跟她一起来了张家口。此时，郭兰英决定要带着母亲一同参加革命。师姐、师哥们问她："你真走？"她说："真的。"花淑兰称赞她："你觉悟高。"人们议论，这正符合郭兰英的性格——不干就不干，一旦定下来就什么也挡不住，即使九头牛也拉不回来了。郭兰英上街买了几尺蓝布，做了一身新衣服，买了根皮带系上，便算是穿上军装了。

那日中午，在"六月鲜"刘玉山家，郭兰英与贾玉凤、"懿莲春"乔玉仙一起吃了顿离别饭。下午，她戴了大草帽，身穿蓝布列宁服，腰扎皮带，背后背了一双鞋，领上母亲就去寻找部队了。

在敌军攻入张家口的前五天，华北联合大学从张家口撤离了。文艺学院院长沙可夫、副院长艾青同志得知郭兰英想当一名文工团团员，并正在寻找他们的消息后，立即请示成仿吾校长。成校长即刻派贾克、沙新、郝学三同志连夜赶回张家口去找郭兰英。此时，张家口已遭敌机轰炸一天，剧院已空无一人。

其时，郭兰英找到了晋察冀军区抗敌剧社的王久晨和何迟同志，说明来意。剧社领导决定带上她和她母亲一起撤退。从此，郭兰英结束了"台上主人台下奴"的旧艺人生涯，走上了革命的征程。

郭兰英跟队伍一块行进，爬十八盘，脚上打了泡。为了不让人看出来，她硬撑着走。首长亲切地问："你没走过山路，坐车吧？"她不服输，坚定地说："不要不要，我从小就走山路。"到夜晚，洗脚时，袜子黏在脚上，脱不下来。她妈从头上拔根头发给她穿泡，心疼地哭道："受的什么罪！"她嘱咐道："不许说。否则他们就不让我走了。"到了上营子，飞机扫射、轰炸，队伍散开了。见她乱跑，首长说："别跑，快卧倒！"她靠墙站下。又听有人喊："快趴下！"刚趴下，一颗子弹从头上飞过，她吓傻了！飞机过去了，她想："我是活着，还是死了？"

张家口南营坊的老乡们知道郭兰英参加革命，跟上部队走了，都十分惦念："这孩子受不受罪？吃饱吃不饱？"后来有传言说，郭兰英爬十八盘，去上营子，被飞机炸死了，南营坊的父老乡亲们哭了："好可怜的娃娃呀，受了多少年罪，解放了，又死了。唉！真是天不遂人愿！"

郭兰英跟随革命队伍一路跨过桑干河，走入连绵的太行山，南下涞源，在见到华北联大文工团副团长周巍峙时，她的第一句话是："我就是演喜儿这个戏来的。"从此，如郭兰英自己所说："过去牲口一样的生活结束了。"

郭兰英上了华北联合大学，成为华北联大文工团的成员。她说："这是我一辈子最开心的事情，是我做梦也想不到的。"革命队伍真是一个大熔炉。

郭兰英：领导派了四个先生教我。一个是教文化的，一个是教识谱的，一个是讲革命道理的，还有一个是执导新演剧目的。我就是这样在革命队伍里学的文化。

贾克教她学文化——她老觉得没文化丢人，怕大家瞧不起，就给自己规定好，一天要认十个字。张鲁、胡斌教她识简谱，舒强给她上表演课。就这样，大家很快就把郭兰英这位目不识丁的演员，培养成了一个革命文艺工作者。

四 政治生活的里程碑

1954年9月，第一届全国人民代表大会在北京隆重召开。

○○1954年，与郭兰英一同出席第一届全国人民代表大会的山西女代表。左起：胡文秀、郭兰英、李辉、申纪兰

○○1954年，郭兰英当选第一届全国人民代表大会代表时，和太原人民见面

　　山西共有二十六人当选为全国人大代表，女性代表有四位，她们是：全国劳动模范申纪兰、刘胡兰的母亲胡文秀、临汾地区女干部李辉以及郭兰英。

　　郭兰英当选为第一届全国人民代表大会代表，这无疑是她成长道路上的一块有标志性意义的里程碑。她回顾过去，心潮澎湃；展望未来，豪情满怀。她想到：自己原是一个在旧社会最底层的艺人，在党的辛勤培养、教育下，如今做了国家主人的一分子，自己一定要脚踏实地地做一个全心全意为人民服务的文艺工作者。

五 传艺

1957年5月1日，太原市戏剧学校正式宣告成立。这是晋剧历史上第一所由政府领导的正规的培养晋剧艺术人才的中等专业戏剧学校，首任校长丁果仙。翌年，丁果仙改任名誉校长，校长由太原市文化局副局长张焕兼任。该校采纳"开门办学"的方法，采取教师"请进来"、学生"走出去"的教学方法——这是一个行之有效的方法。

1958年，该校请著名晋剧表演艺术家郭兰英来并讲学传艺，使二百多名学生受益匪浅，收到了很好的效果。

学生们问，在演唱时如何用气发声？郭兰英就向学生们讲她的实践经验：

○○郭兰英在太原市戏剧学校辅导学生张友莲发声运气

○○1958年，郭兰英在太原市戏剧学校讲学传艺

声音要能运用自如，须掌握几种位置，即：靠前、靠后、靠里、靠外、中音及"脑后摘筋"（指头腔共鸣）等等。靠前音不用小肚子发，而是逼在前面的（唱"嗳"）。中音是小肚中出来的，因运用底下的气顶上来，所以最圆润充实。"脑后摘筋"是把声音绕到脑后去（唱"一马离了……"）。这几种声音，不能单用一种，主要是综合起来运用。虽然位置不同，发音的原理都是一样的。十五、六岁变声期间，嗓子很坏，但如几种位置都会运用，就仍然可唱出声来。唱高音时，一定要用靠后的位置，否则就唱不上去。唱山西梆子的人，虽然声音哑了，也还是能唱，就因为掌握了这些方法。

关于用气，并没有特殊的训练方法。主要靠自己去揣摩。气应储在小肚子中。如气在嗓中，唱时易哑，在胸中则不够用，且两者都不能持久。储在小肚中，气最长，力量最足，声音结实，也唱得高。但是吸气时，不一定吸到小肚子中，因为离嘴太远，不易出来。不能用鼻子吸，因鼻吸会到后面去。不能张大嘴换气，以免直接吸入小肚。唱时小肚常是硬的，唱得越高就越硬，好像底下有块石头顶着。唱高音时，须把嗓子放开，胸口放松，小肚使劲顶上。换气和说话一样自然，所谓共鸣，就是与气相合的发音。用气要能控制能调节，如一开始就全部气息使出，下面就没气了。同时，也要结合表情的需要，该出来时才放出。虽然我们学唱时，

○○郭兰英为学生做示范

并不专练呼吸，但因为每天不断的练习，练习的曲调也由短到长，由简单到复杂，由慢到快，加上清晨的空气特别新鲜，几年苦练后，自己能体会的就很自然地掌握到了正确方法。但也有很多人没学到的。师父说："会用的用在肚子里，不会用的用在鼻子里。"唱戏人当中，有很多人鼻音太重，就是没有掌握呼吸方法。[1]

郭兰英的讲学收到了很好的效果。由郭兰英辅导过的晋剧刀马旦张友莲日后成了山西省晋剧院的名角。

○○张友莲在《杨门女将》中饰杨文广

> 郭兰英老师讲的演唱技巧，如金玉良言，使我在唱腔上顿悟开窍了，令我终身受用不尽。
>
> ——张友莲

---

[1] 郭兰英.从山西梆子看传统的中国唱法[M]//中国音乐家协会编.音乐建设文集：下册.北京：音乐出版社，1959：1443—1444.

六 三进中南海

1950年，郭兰英随中国青年文工团在国外演出一年零两个月。胜利归来时，正赶上文化部举办第一届全国戏曲观摩演出大会，郭兰英受邀以客串的身份同山西代表团演出晋剧《秦香莲》并获了奖。

这之后，郭兰英曾三进中南海，与山西省晋剧青年演出团一起为中央首长演出。

第一次是1961年10月8日，山西省晋剧青年演出团在怀仁堂演出《金水桥》，郭兰英饰银屏公主、刘仙玲饰詹贵妃、金世耀饰秦英。

在此次演出过程中，出现了一个小插曲。当戏演到银屏公主向詹贵妃敬酒时，詹贵妃未接住，酒杯掉在了地上。这本来是个事故，然而演出经验非常丰富的郭兰英急中生智，高声喊："宫人，快给我斟酒来！"扮演太监的阎福保已经退下卸妆，无法回应。郭兰英即刻亲自回后台又拿出了一只酒杯，二次递与詹贵妃，终于使这场事故轻松化解，博得了大家的交口称赞。郭兰英的演唱也堪称一绝，珠圆玉润，独具神韵，特别是那悦耳动听的"二音"与"十三嗨"腔，让人听了心荡神怡。

演出完毕，周恩来等领导上台接见了全体演职人员，并合影留念。周总理与演员们一个个亲切握手。当总理与在《金水桥》中扮演老旦皇后的年轻演员阎金凤握手时，关切地问："你年纪轻轻的扮演老旦，通不通？"阎金凤

○○ 郭兰英在《金水桥》中饰银屏公主

晋剧表演艺术家郭兰英

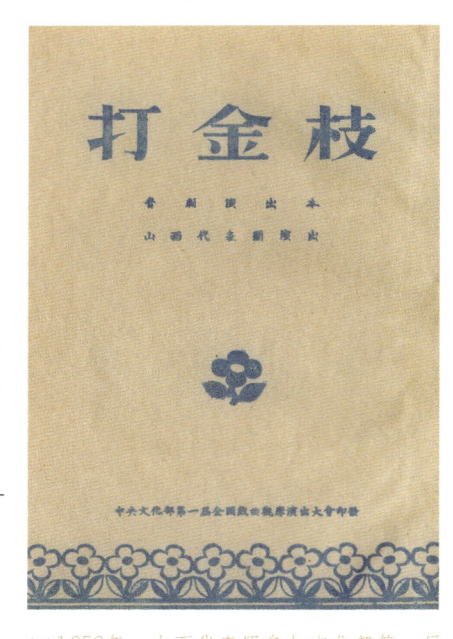

○○1952年,山西代表团参加文化部第一届全国戏曲观摩演出大会,演出晋剧《打金枝》。此专剧本演出本封面

答:"不通不通。"习仲勋副总理见状,在一旁说:"总理是问你青年扮老旦,思想上通不通。"阎金凤恍然大悟,连忙说:"总理,我通着哩。刚才我认为是你问我技术上通不通。"总理说:"那就好,就应该通。你通我就放心了。"

这期间还有一个小插曲。山西省晋剧青年演出团的名角王爱爱抓住这次机会,向郭兰英虚心请教。郭老师在演出之余一方面指导她在唱戏时要借鉴民歌的唱法,向民间音乐学习,一方面给她讲了演唱的要诀。她说:"在唱戏时,要以塑造人物为出发点,通过各种演出技巧,以字清、情浓、味足的声音,来达到刻画人物性格、塑造生动鲜明的人物形象的目的。"王爱爱以前在演唱《金水桥》"银屏女捧御酒叫、我叫声姨娘"一句时,是连贯地唱下来。郭兰英说这样唱不佳,为了更好地表达银屏女当时既难于启齿,却又不能不说话的两难境地,可以采取把腔在"叫"字后断开来的演唱方法,即:

此后,王爱爱就在此处采取了这种演唱方法,取得了良好的效果。

第二次是1961年10月29日,山西省晋剧青年演出团在紫光阁小礼堂演出:《坐楼杀惜》由郭兰英、马玉楼领衔主演,《打金枝》由丁果仙、牛桂英、郭凤英、刘仙

○○《金水桥·上殿》剧照。左起：金世耀饰秦英、马玉楼饰唐王李世民、郭兰英饰银屏公主、刘仙玲饰詹贵妃

玲主演。

其实，早在1948年3月，人民剧社"二梅兰"雷艳云等就曾在山西兴县北坡村为毛泽东、周恩来、任弼时等中央领导人演出过晋剧《打金枝》。看完戏后的毛主席评论该剧说，"郭子仪的儿子同皇帝的女儿结亲以后，闹矛盾，郭子仪和皇帝各自批评了自己的孩子，解决得很好。这是说解决内部矛盾要各自多作自我批评"。他还说，"郭子仪这个人很有政治头脑，当时有人告郭有谋反之心，郭听到后就把自己的门第敞开，任人参观，'门户洞开'这个典故就是从这里来的"[1]。

周总理也对《打金枝》一剧有过评价：郭子仪绑子上殿请罪，假如唐王不赦，把郭暧斩首，可能会引起战争，而人民是坚决反对战争的，因为它会给人民带来灾难，这就是《打金枝》的人民性。[2]

毛主席、周总理日理万机，还要抽出时间观赏晋剧《打金枝》，说明他们对戏曲文化是十分关心和重视的。

---

1 白金华编著.毛泽东谈作家与作品[M].长春：吉林人民出版社，1993：248.
2 张林雨.山西戏剧图史[M].太原：山西人民出版社，2002：63.

○○1961年国庆节当天，山西省省长卫恒（二排右四）以及邓初民（二排左五）在北京颐和园排云殿前与山西省晋剧青年演出团赴京演出全体成员合影（二排右二为郭兰英）

○○1948年3月，晋绥边区人民剧社全体人员合影

戏曲是中华民族的伟大创造，它植根于民间，活跃于民间，是老百姓喜闻乐见的具有民族性和草根性的艺术形态，是传播中华民族世界观、人生观和美学观的重要载体之一。戏曲在世界上是独一无二的——这便是它的价值所在。

煞戏后，周总理上台与文、武场的所有演职人员一一握手。当他与郭兰英握手时说："兰英、兰英！想不到，你还真有这么一手。"

郭兰英在演出《坐楼杀惜》时，有这样一个精彩场面：剧中人阎惜娇（郭兰英饰）一纵身，敏捷地跳坐于一张桌子上，动作十分准确麻利。全场观众不由得喝彩，有人小声耳语："真是个好把式！"周恩来总理也高兴地笑起来。

周总理又指着马玉楼说："你真像个男的，你是个女演员，女扮男装，扮演皇帝，脱离了女相，表演得很成功。你们演得都非常精彩。我在这里看过天津小百花剧团的演出，也演得很成功。你们两家是全国地方剧中的两朵花！"[1]

---

1 朱兵.兰花自有透寒香——记著名歌剧表演艺术家郭兰英[N].光明日报，1981-3-13.

○○郭兰英在《藏舟》中饰胡凤莲

○○《坐楼杀惜》中，郭兰英饰阎惜娇（左）、马玉楼饰宋江

○○1961年10月29日，山西省晋剧青年演出团在怀仁堂演出时的武场。左起：司鼓陈晋元、铙钹王宝忠、马锣王增学、梆子刘书丹

○○1961年10月30日，郭兰英（右一）与山西省文化局局长李庶民（右二）、副局长贾克（右三），以及王增福（左二）、张玉花（左一）在北京颐和园昆明湖划船

总理最后说："来，来，我们大家合个影。"大家站好后，他对全体人员说："晋剧在抗日战争与解放战争中贡献很大。你们演得也很成功，希望今后继续努力。"

"战争期间，副总理习仲勋曾长期战斗在陕甘宁边区，曾担任过西北局书记，也是一位对山西有深厚感情的中央领导。习仲勋特意设宴招待青年团。席间，习仲勋和蔼可亲、谈笑风生，和演员们讲述自己对戏剧的理解和喜爱。贺龙、彭真也设家宴，请青年团的主要演员到家中做客。"[1]

第三次是1961年10月31日，山西省晋剧青年演出团在紫光阁小礼堂演出郭兰英、马玉楼的《坐楼杀惜》，丁果仙、牛桂英的《算粮登殿》，冀萍、温明轸的《杀宫》，郭兰英的《藏舟》等。

演出完毕，周总理等领导又一次上台接见了郭兰英、丁果仙、牛桂英、郭凤英、冀美莲等演职人员。

1962年，郭兰英随中央实验歌剧院来山西太原长风

---

[1] 张立新，贾平.马玉楼传[M].太原：三晋出版社，2018：199.

晋剧表演艺术家郭兰英

○○郭兰英在《坐楼杀惜》中饰阎惜娇

○○1962年，中央实验歌剧院在太原长风剧场演出时，与剧场人员合影。前排中为郭兰英，前排左三为叶子，前排左四为杨秋实

剧场演出民族歌剧《白毛女》。她那高超的演技，使太原人民大饱眼福耳福，大家纷纷赞扬她不愧是我国著名的歌唱家。

笔者当时在太原六中（进山中学）上高中，看了郭兰英主演的《白毛女》，听了她那独具神韵的演唱，久久不能忘怀，反复揣摩，直到能把好多唱段都背唱下来。

七　出演电视剧《金水桥》

1980年5月，郭兰英回太原与山西省晋剧院合作，出演了《金水桥》电视剧。该剧由郭兰英饰银屏公主、马玉楼饰唐太宗、冀萍饰西宫詹妃、梁小云饰国母、金世耀饰秦英、宋胜科饰院公。

《金水桥》是晋剧的经典剧目。其剧情讲的是：西岐莫里沙毁约反唐，驸马秦怀玉奉旨西征。其子秦英要求随军未成，被其父锁送回府。银屏公主命子花园读书、练武，不准外出。两月之后，秦英与同伴尉迟亮、罗章溜到金水桥畔钓鱼，正遇太师詹沛鸣锣开道，扑钩之鱼竟被惊跑，双方发生争执。詹沛出言不逊，被秦英失手打死。西宫詹妃为父申冤，告至唐王驾前。唐王怒判立斩秦英。不意秦怀玉被困边关，情势危急。鉴于大敌当前，唐王改取疏导方式，命银屏公主跪求詹妃宽恕。后程咬金、徐茂公也出手相救，秦英终于被判戴罪驰援边关。

选演员时，因郭兰英嗓音高亢明亮，用A调更能发挥她的自身条件，便按A调为标准来选，淘汰了一些人，最后才确定以#G调来拍摄。

郭兰英在表演上对该戏有所改革创新。如银屏公主惊闻儿子秦英闯下大祸，急忙绑子上殿，既要教训不听话的儿子，又要思考搭救儿子的办法，换衣服来不及，就在人物造型上采用了头面黄帔，以与太后的女蟒凤冠区分开来，大家觉得合情合理。

○○在电视剧《金水桥》中，郭兰英饰银屏公主（右），冀萍饰詹贵妃

"绑子上殿"一场，传统的演法是，唐王一转入后场，二幕拉上，银屏公主绑子上前场，白："校尉们，将奴才押上走！"二幕拉开，开始上殿。郭兰英将此改为唐王转身坐上龙位，银屏公主绑子上殿，直接在前场表演，不再拉上二幕来切割。这样就保持了场面的完整性，使得情节更紧凑了。

此时的郭兰英已是闻名全国的大家，但其态度却很谦虚，每演唱一出就问大家："同志们，你们看我演唱得像不像，有没有山西梆子味儿呀？"

虽说此时郭兰英已唱了歌剧，但她的基本功还在，甩袖、擦泪、持笏、移步，一招一式都表演得细腻传神，喜怒时眉目有情，转身处长袖翻飞，一个眼神、一个动作都精致到位，让在场的演员惊叹不已。

郭兰英的嗓音非常好听，唱腔时有精彩之处。银屏公主捧御酒求情时有一句："我那亲亲的、好心肠的姨娘啊！"郭兰英将晋剧拖腔里加进了秦腔的高腔，独创了一个特殊的哭腔嗓子，拖腔落音气足韵满、稳而结实，直冲云霄。这个嗓子一出，直唱得余音绕梁、感天动地，听得人肝肠寸断，在场的人都为她的悲声所感动。

马玉楼也连连感叹："好一个漂亮的嗓子！光这个嗓子就值三千块钱！"

拔嗓子是晋剧的一大特点，多以此体现剧中人物极度喜悦、极度悲伤的情感。嗓子要拔得好，需有充足的气息支撑。有的演员嗓子好，高音也有，亮音也有，就是到了落音和拖腔的时候支撑不住，抖得很，抖的原因就是气息不够。

演员的表演需要互相感染、互相鼓励，郭兰英细腻的表演、精美的唱腔给所有演员树立了一个好榜样。[1]

——马玉楼

"晋剧鼓王"陈晋元回忆说："我们邀请郭兰英回来拍录像片《金水桥》，这个戏是个不太好演的戏，可她开窍得很，我感觉她在艺术上比1961年排这个戏有了很大的发展……"

---

[1] 张立新，贾平.马玉楼传[M].太原：三晋出版社，2018：322.

> （郭兰英）表演上更为细致、更讲究，演唱上吸收了河北梆子的哭腔、京剧的高腔等而有所出新。[1]
>
> ——陈晋元

陈晋元还说："比如'老爹、儿的娘……'一句的拖腔，唱得更美、更有色彩了；'来来来，随为娘上金殿'的一大段拖腔，高而且长，她唱得气足神完，在时间、力度和气口上把握得自由而且轻松，使内行人佩服极了。""这次排练，郭兰英特别下功夫，她住在宾馆（招待所），可每天都穿彩鞋、着水袖，随时都在练习和熟悉、揣摩戏里的表演。录音时她非常细致，哪一句唱不好都要重新录过，直到满意为止。她已经是名人了，可对其他同志、同行都很尊重，很体贴人，有时排练累了，她会给拉胡胡的同志送碗水；有个弹三弦的伴奏员一向弹G调，可郭兰英当时的嗓音更适合唱A调，那位同志说：'这么高，简直像北路梆子，还像晋剧吗？'郭兰英听他这么说，既没着急，也不发火说：'您看怎么办好？咱们可以研究。'还有一次，拉胡胡的和搞作曲的两个同志因为一个《小开门》曲牌怎么用的问题争执不休，郭兰英一直在旁边耐心地等着，没有一点埋怨。排戏时，她从来不摆架子，该跪就跪。后来在别人劝说下才带上护膝。在这两次排练中，团里不少青年演员如王爱爱等在郭兰英身上学到了不少东西。通过这几次合作我感到，她对艺术很有追求，她是山西人，对家乡非常关心，只要有空就回来看看家乡，看看老母亲。她对

○○陈晋元

---

[1] 黄俊兰.郭兰英的歌唱艺术[M].北京：人民音乐出版社，2000：86.

○○1978年夏，郭兰英回到故乡，同平遥晋剧团演员同台演出《金水桥》。郭兰英饰银屏公主

晋剧表演艺术家郭兰英

○○1980年10月,郭兰英回家乡山西,参观晋祠留影

晋剧的发展更是关心,也很有想法——她常常思考并提出建议:如何让老一辈艺术家发挥作用;青年演员如何培养……她待人诚恳、热情,不虚伪,有什么就去求她,她一定热情帮忙。"[1]

---

[1] 黄俊兰.郭兰英的歌唱艺术[M].北京:人民音乐出版社,2000:86—87.

附：演唱谱例

娘绑儿上金殿低头认罪

（晋剧《金水桥》选段）

山西人民广播电台录音
佚　名　记谱

为人民歌唱 郭兰英 画传

(2) 5̇ 3̇2̇1̇ 2̇·1̇ 2̇·5 | 1̇· 7̣ 6561 5 | #4̇·5̇ ‖
(仓) 把儿 怜   惜。

(0 6 5 5 5 6 5̇) | 655 43 5̇2 | (2̇ 0) 554 3̇13 |
(〇且 仓 仓 仓且大 仓) 校卫们 (仓〇) 将奴才 押上殿

6#5 6 #56 1̇#2̇ 5̇3̇ 3̇ 3̇ - | (3̇ 【七锤子苦相思】) ‖
去,   (且 … 且大 仓)

渐慢   慢速   (十三咳)
(4/4 666 6667 675·7 6543 2 | 1· 2) 5432 2 ∨ |
                                        骂 一

渐慢   特慢   还原
5351 5·432 7̣12 ∨ 3·1525 | 5·61 1 7̣ (6 67 6756 |
声

1· 1 1) 5̇225 2521 | 7̣·2 ∨ 2̇6̇5 5521 762·32 |
        秦英你 太无理,   不该   去钓

5̇3 5̇· ∨ 5̇·5 5̇25 | 17̣ 65 2·321 2·5176 |
鱼,   打死 老太   师,   可怜他 命归

5̇3 5̇· 156 1 ∨ | 5̇2 1765 7̣25 5̇2·176 |
西。 你皇 爷 降个 罪来要 斩儿的 首

渐慢   特慢
5 - ∨ 1̇32 7̣1·2 | 5·15 543 ∨ 355·7̣ 2̇5176 |
级, 小奴 才你 闯大 祸, 你教娘我 该 怎

还原
2·3 3̇5̇· (25 2521 | 7̣·2 7272 1767 6567 |
的,

渐快   快速
5767 5765 2525 2521 | 7272 7272 1767 6567 |

渐慢

| 5767 6767 6756 1·1 | 2217 6756 1 3432 16272176 |

还原　【四股眼】

5· 6） 543 2·5 | 2·176 535 （6765 5·652）
　　　　小　秦　英

5 2·3 21 765 171 | 1·7 i 3·2 176 253 |
儿　　　　　该　　　死

53 5 43 556 171 | 1·7 5 2 12 3i525 |
的。

还原

5 i 1· （i i 7 | 6·7 57 64 32 |
　　　（嘟　　　　仓 且　来 且 乙 大

【上字苦相思】

1· 2 4242 | 1· 2 4242 | 1· 2 424 |
仓）

4 5 2521 | 761 21246 | 5 - 21246 |

渐慢

5 6i 565 | 5 ii 2321 6765 | 4·2 5·6i2 6765 6542 |

还原　　　　　　　　　渐快

5 -）2321 2 | 53 5 43 2·7 5·3 |
你 爷 爷

渐慢　　　　　较自由地

2·5 2321 76523 2176 | 512 2432 53 5 1·2 7·63 |

还原　稍快　　　渐慢　　　　特慢

#456 5· （5·6 5652 | i·7 656i 5i52 72i76 |

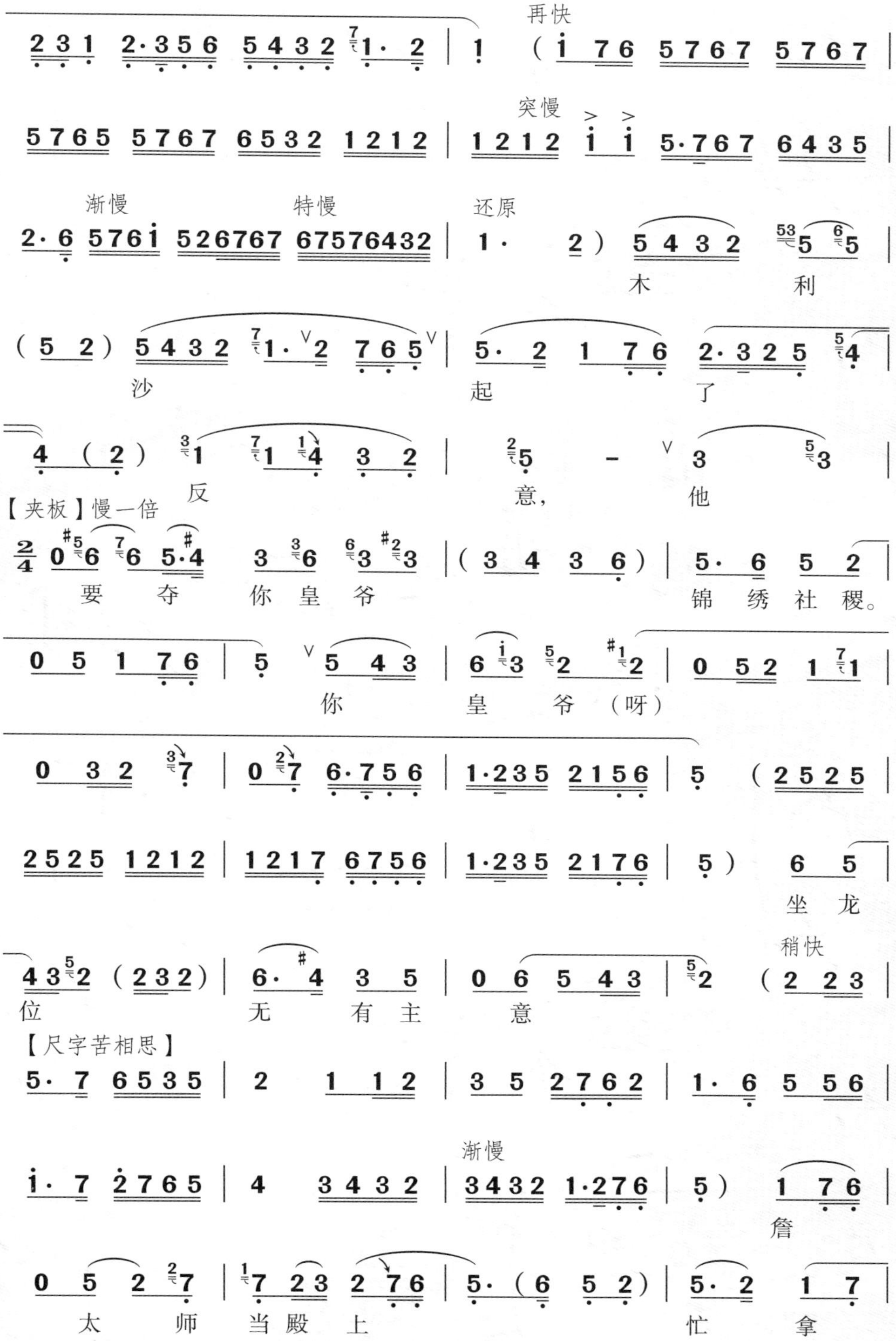
再快
突慢
渐慢 特慢 还原
木 利
沙 起 了
反 意，他
【夹板】慢一倍
要 夺 你 皇 爷 锦 绣 社 稷。
你 皇 爷（呀）
坐 龙
稍快
位 无 有 主 意
【尺字苦相思】
渐慢
詹
太 师 当 殿 上 忙 拿

晋剧表演艺术家郭兰英

91

八　圆梦乡愁谢乡亲

早在1944年，郭兰英就在察哈尔省的省会张家口唱红了。

1966年，"文化大革命"开始。1969年，郭兰英被下放到张家口蔚县北洗冀村，接受所谓"脱胎换骨"的劳动改造。三年多时间，她除了劳动锻炼外，与父老乡亲们结下了深厚的友谊。房东大娘阎淑花对她嘘寒问暖，她也尽力给乡亲们以回报。一次，她偷偷地给了房东几件衣服，监督她的人说她"拉拢、腐蚀贫下中农"，因此又遭受了批斗。

1970年秋，郭兰英的单位中国歌剧舞剧院的"文艺连"到她下放地进行慰问演出，经老乡们强烈要求，上级"特批"郭兰英也一起登台演唱。两万多名观众聆听了她美妙的歌声，并报以雷鸣般的掌声。

1972年，在周恩来总理的关照下，郭兰英重回北京，但她仍不能登台演出。回京的她并没忘记在危难中帮助过她的北洗冀乡亲。她给房东寄钱，邀她到北京游览，并尽自己的力量为村民们排忧解难。

1983年4月10日，郭兰英回到了阔别三十七年的第二故乡——张家口。她这次回来，首先是探望老姐妹、会晤老艺人。有些"战友"去世了，如"金铃黑"郭寿山、"马武黑"赵科甲、"眉毛丑"宋茂林、"金景奎"金铃魁，她深表遗憾。师叔、师哥、师姐们，大部分都见到

○○1983年，郭兰英重回张家口，在自己居住过的南营坊与乡亲们亲切交谈

了，如王桂兰、吉凤贞、南定银、关玉峰等，大家都十分欣慰，一起畅谈梨园旧情。

接着，她去看南营坊的老观众。从前，这里的观众对她特别好。她以为离别三十七年，观众认不出她来了，没想到，在街上，一位老太太、一位老爷子一下子就把她认出来了，说："你是兰英子吧？"郭兰英说："您怎么认出来的？"二老说："认得，认得，没有变。"人们听说郭兰英来了，忽地一下围上来了。郭兰英马上感到了那种淳朴的乡土味，觉得分外亲切。一位老人说："兰英，你认认你当年住过的门。"郭兰英用手一指，说："就这个土门。"人们说："没错。"进了院子，郭兰英看到，当年她住过的房子塌了，旁边两间还在，外围土炕还有。郭兰英将这些值得纪念的场景都一一拍照留存。

她又去看南营坊的演出场所同德戏院（那时已改为粮

○○1983年，郭兰英来到四十年前自己演出过的剧场，看到曾经用过的座椅，以及因在人民剧院观看《白毛女》而差点误了自己的演出，自己匆匆而回，慌忙登上舞台时崴了脚的邪架梯子

店）——一下车，人们就围过来了——推开门，呼的一下跟着她涌进去一百多人。她还看了新新剧院，发现台口两侧的梯子与后台化妆坐的椅子都还在，这令她浮想联翩，抚今追昔，她是从这儿参加革命的。

南营坊的老人们对郭兰英的往昔也了如指掌。他们说："兰英当年可受气了，学徒受管制，成天挨打！"

郭兰英漫步到清水桥上，她想起有多少往来于住所与剧院的脚印留在了这里！可在当时那个旧社会，她活得人不像人，鬼不像鬼。她手扶着桥上的栏杆，想象自己那时的样子：瘦得小脸一条条，腰一拃拃，身材矮小，成天挨打吃不饱饭。演好了，师娘骂一顿；演不好，师娘便是揪头发，劈头盖脸地打。她不知流了多少眼泪，吃了多少苦头啊！

郭兰英这次回来，本来没想要演出，可老姐姐说："唱呀，唱呀，不唱可不行，走不了。"既然老乡们这么热情，她索性于4月16日晚，在人民剧院演出了一场《金水桥》。她饰银屏公主，演得是那么投入，那源于生活而高于生活的表演，那音域宽阔、音质纯净、行腔流畅、润腔多变、吐字清晰、韵味醇厚、声情并茂的唱腔，再次轰动张家口。

后面几场，场场爆满，一票难求，剧团、剧场乱成了一锅粥，连剧场工作人员都买不上票。郭兰英的师叔、

○○1983年，郭兰英在张家口庆丰大戏院演出《金水桥》（饰银屏公主）

○○1983年，郭兰英重回阔别三十七年的张家口，与晋剧界新老朋友同台演出晋剧《金水桥》

○○1983年，郭兰英与张家口市晋剧团全体人员合影（二排中为郭兰英）

○○1983年，郭兰英在张家口庆丰大戏院演出《金水桥》后，与同台名家合影。右起：王巧玉（饰国太）、张美琴（饰唐太宗）、郭兰英（饰银屏公主）、崇桂枝（饰詹贵妃）

○○郭兰英与张家口的老戏迷们在一起

○○郭兰英（后排中）与昔日戏友在一起。侯胜忠（后排左一）、王桂兰（前排左一）、刘玉婵（后排左二）、南定银（前排右二）、吉凤贞（后排右二）、兰花（后排右一）、田月楼（前排右一）

○○旧友重逢。右起：郭兰英、"赛果子"张美琴、牛桂英

○○郭兰英（中）与晋剧四大名旦之一的"五月鲜"刘明山（左）、"六月鲜"刘玉山在一起

师哥、师姐们都发火了，见了她就说："你给咱弄几张票，托你这门子。"郭兰英用山西话回答说："我托谁去呀！"

张家口沸腾起来了，人们见面就问："你看了戏没有？"回答是："看不上，没票。"

五一国际劳动节前夕，郭兰英为满足离市区六十里的古城宣化广大群众的要求，风尘仆仆地赶去演出。尽管她的回京日程一改再改，也无法全部满足张家口广大群众的愿望，只好通过报纸来表达她对群众的抱歉与感激之情。

这次郭兰英回张家口，还见到了青年时代的同侪、晋剧四大名旦之一刘明山之女刘玉婵。笔者就此事采访刘玉婵时，她非常高兴地说："回想起当年与郭兰英相处的短暂时日，我就非常激动。1945年，我俩同住坐落在张家口南营坊的同德戏院。她十六岁，我十七岁，年龄大致相仿，又都演旦角，于是成了很要好的朋友，一起唱戏，一起学习。我们演出前相互给对方化妆，上场后仔细观察对方在台上的表演，下场后再切磋技艺。我清楚地记得，有一出戏叫《凤仪亭·吕布戏貂蝉》，我扮演貂蝉。她见我

○○郭兰英（前排右三）和张家口市晋剧团《龙城二娇》的演员们合影

演出效果平平，就主动与我一起分析剧情，给予指点，让我悟出了其中的奥妙——后来的演出便能博得观众喝彩了。1946年，她毅然参加革命，加入华北联大文工团。这之后，我再没见过她，只是经常拿出两人的照片来仔细端详，回味当时的姐妹情谊。后来，听说她成了歌唱家、大明星，我很欣慰。如今，我俩都已进入老年，那次相见，真是令人喜出望外，她紧拉着我与其他昔日的战友一起合影，留作纪念。"

郭兰英是喝汾河水长大的，她热爱生她养她的故乡。1978年，她回家乡与平遥县晋剧团同台演出了晋剧《金水桥》，颇受观众称赞。1994年，她得知太（原）旧（关）高速公路正在建设中的消息，非常高兴，马上到太旧公路建筑工地进行了慰问演出，并在演唱后与施工人员促膝交谈，询问他们的生活情况、太旧公路的进展情况。同年8月，她又赴太原钢铁公司进行慰问演出，并参加了太钢建厂六十周年庆典，向太钢赠送了她的绘画作品。

另外，她在中央电视台拍摄《我的祖国》专题片时，在故乡的黄河壶口瀑布高歌了振奋人心的《我的祖国》。

○○1994年8月,郭兰英等艺术家来到太旧路工地进行慰问演出

○○郭兰英为太旧筑路工人放声高歌   ○○郭兰英在太旧路建设工地进行慰问演出时,与施工人员亲切交谈

○○中央电视台拍摄《我的祖国》主题片时,郭兰英在黄河壶口现场演唱《我的祖国》

2006年，山西省平遥县在平遥大戏堂举办"故乡情——平遥籍戏曲名家回报家乡演唱会"，郭兰英受邀回家乡演出。郭兰英在晋剧《金水桥》中饰银屏公主，银屏公主在金銮殿面见父皇时需要手执笏板，恳求父皇留儿活命，见父皇不答应，她唱道："好话说够千千万，父王就是不搭腔……"郭兰英即兴发挥，将笏板扔在皇帝的桌案上。面对这突如其来的舞台动作，马玉楼（饰唐太宗）沉着应对，用两根手指指了指银屏，潜台词是：都是我把你惯坏了！机智地将戏接了过去。

演出结束后，大家在院子里一直聊到后半夜，谈到这个情节时，马玉楼说："笏板是朝臣见皇上时必需的道具，大臣不能直视皇上，笏板上面记有大臣发言的提纲，上朝启奏的话都写在上面。郭老师在情急之中将它扔到桌上，符合剧中人物的个性。"

两位艺术家的即兴发挥、巧妙配合，赢得大家一片喝彩。

年逾古稀的两位晋剧天后，双双接受平遥古城之邀联袂演出，为国内外旅游嘉宾能够欣赏到中国传统戏曲瑰宝而付出了汗马功劳，人们为之倾倒。兰英和玉楼为人类历史文化遗产锦上添花，一时传为佳话。[1]

——贺键（英国皇家戏剧学院荣誉院士）

1　张立新，贾平.马玉楼传[M].太原：三晋出版社，2018：323.

九 票友赛上去演唱

清代，旗人入关，八旗子弟中流行单弦"八角鼓"等。清廷为了便于管理，给演唱者（票友）发放俗称"龙票"的执照，这些人组织起来，戏曲界就有了"票社"（亦称票房、票儿班或自乐班）的说法，并一直沿用至今。

清道光、咸丰年间，随着中路梆子专业班社的兴起，票社也如雨后春笋般的不断涌现，逐渐遍及广大城乡。这种机构，名为"自乐"，实则是民间自发组织的兼及戏曲研究的机构，其戏曲研究社类似于当今的戏曲研究所。票社的兴起说明中路梆子的业余爱好者特别多，艺人们亲切地把他们称为"票友"。过去，票友中确有一些公子少

○○民国三十二年（1943），祁县戏曲研究社与高锡禹（乳名狗蛮，字九畴）老先生合影。前排左起：张种英、刘守成（子勤）、何庆芳（芳圃）、董传圃、高锡禹、周瑚、韩廷让（子谦）、郭维芝（少仙）、许思刚（幼平）；中排左起：杨生筱、张才茂、周锡华、二保孩、刘玉山、刘祖金、段梧；后排左起：姚海玉、段广仁、何广仁、何守业、韩口、刘玉林

○○民国三十一年（1942），平遥同乐会成立时合影留念。第一排中坐者为老艺人"黄芽韭"郝斗明。平遥城戏台题壁云："下饭铺要喝杏花村的酒，看戏要看'黄芽韭'。"

爷，不在乎花钱，专好结识名艺人，因而做了有名无实的票友——说起来头头是道，好像什么也知道，干起来却一窍不通。但绝大多数票友不是这样，他们不仅经常在艺人中求师访友，而且还刻苦钻研，以研究中路梆子艺术为乐。这些人，登台表演的很少，绝大部分专工清唱或演奏。由于他们大部分有相当高的文化水准，且有充裕的时间，再加上出自本心的喜爱，多少年来，不仅在扎扎实实地继承中路梆子艺术的道路上贡献良多，而且还在唱腔的变化、板眼的运用、唱念与剧情的有机结合、剧本的修改，以及文武场的改进等方面都有所贡献，对中路梆子艺术的向前发展，起了巨大的推动作用。比如晋昆戏，一般的班社都不能上演，只有上三班的好剧团才能演。民谣云："好班子，哼曲子（即指晋昆）；烂班子，捉虱子。"但像祁县的票社——祁县戏曲研究社的名票韩子谦（韩五少）、郭少仙（郭维芝）、高锡禹（狗蛮师傅）、

○○晋中地区首届振兴晋剧票友大赛于1997年7月在祁县晋商文化博物馆举行。7月21日，郭兰英亲临赛场，在群众的热烈欢呼声中，清唱了《金水桥》选段

○○2009年，郭兰英在"平遥籍晋剧名家回报家乡演唱会"上演出晋剧《金水桥》

高锡铭（毓林先生）、何芳圃等，对唱晋昆戏，像《嫁妹》《草坡》《功宴》等也都很拿手，即使专业班社的人员，也不敢小觑他们。过去的这些事情，郭兰英学戏时师父们都讲给她听了。

1997年，首届振兴晋剧票友大赛在祁县晋商文化博物馆（渠家大院戏台院）举行，主办方邀郭兰英在开幕式上献艺。郭兰英接到邀请函，觉得要想发展晋剧事业，应该大力支持这种活动。于是，她亲临赛场，在广大群众的热烈欢呼声中，登台清唱了晋剧《金水桥》选段，以示她对票社票友们的全力支持。

十　关心兄弟剧种

郭兰英不仅关心自己所从事过的山西中路梆子事业的发展（她曾在太原工人文化宫观看山西省晋剧院后起之秀、师妹郭美英之女米晓敏等的演出，并给予了细心辅导），同时她也关心兄弟剧种的发展。1982年2月，在忻县地区第一招待所（今忻州饭店），山西省文化局、省剧协，忻县地区文化局、文联及北路梆子剧院联合举办了贾桂林、董福、安秉琪三位老艺术家舞台生活五十五、六十、五十周年纪念活动。文化部为他们颁发了荣誉证书，表彰他们对北路梆子艺术作出的突出贡献。

郭兰英和来自山西省内外的三百余位艺术界专家受邀

○○贾桂林（右四）、李万林（右六）与吴晓玲（右一）、侯宝林（右二）、张君秋（右五）、郭兰英（左三）、王金璐（左一）在一起

○○ 贾桂林、董福、安秉琪从艺五十五、六十、五十周年纪念大会（前排右三为郭兰英）

○○ 郭兰英（右）与安秉琪交谈

○○ 郭兰英（右二）与北路梆子"小电灯"贾桂林（右一）、董福（右三）、侯宝林（左二）、张君秋（左一）在一起

参加了活动。大家兴致勃勃地观赏了三位老艺术家领衔主演的《王宝钏》《金水桥》等剧目。

在有五十多位来宾参加的座谈会上，大家畅谈了对北路梆子的发展以及剧目、表演等方面的感想。郭兰英在会上说："我提三点希望：一要多访问四老——老班主、老艺人、老票友、老观众，摸清北路梆子剧种的来龙去脉，以及它与中路梆子的关系；二要积极继承该剧种极富特色的'激昂慷慨不寻常'（郭沫若语）的唱腔和梢子功等特技表演；三要注重培养后继人才，老艺人要做好传帮带的工作，以利剧种蓬勃地向前发展。"

歌剧表演艺术家郭兰英

○○ 郭兰英

一 新秧歌剧出彩

延安文艺座谈会召开以后，由延安鲁迅艺术学院的骨干文艺工作者掀起了一场由延安逐步推向整个解放区的声势浩大的新秧歌运动。

"新秧歌剧"是一种熔戏剧、音乐和舞蹈于一炉的综合性的艺术形态，是一种新型的广场秧歌剧。

在新秧歌运动中，产生了以《兄妹开荒》（王大化、李波、路由编剧，安波作曲）、《夫妻识字》（马可编剧、作曲）等为代表的大批秧歌剧。

《兄妹开荒》是以抗日根据地的大生产运动为背景，用陕甘宁边区开荒模范马丕恩父女的真实事迹作素材创编

○○1942年，由王大化（饰王小二）、李波（饰妹妹）表演的《兄妹开荒》

○○1948年，华北文工团在太原、石家庄等地演出。前排左二为郭兰英

的，它生动地讲述了边区农村一对兄妹开荒种地、支援前线的先进事迹。《夫妻识字》则表现了根据地农民刘二及其妻在政治与经济上翻身之后，迫切地欲通过识字来获得文化上的翻身。

二剧都表现了根据地的新生活和新风俗，同时也折射出陕北农民积极乐观、健康向上的精神风貌；因而都成为根据地影响很大的新秧歌剧。

"1943年2月5日，延安城南门外的广场上人山人海，根据地的两万多军民在此聚会，共同庆祝中美、中英签订新的条约，废除了近代以来对华的一系列不平等条约。在春节期间的文艺宣传活动中……由王大化和李波演出的新秧歌剧《兄妹开荒》受到了根据地军民的热烈欢迎。党中央领导人毛泽东、周恩来也在这次庆祝活动中亲临现

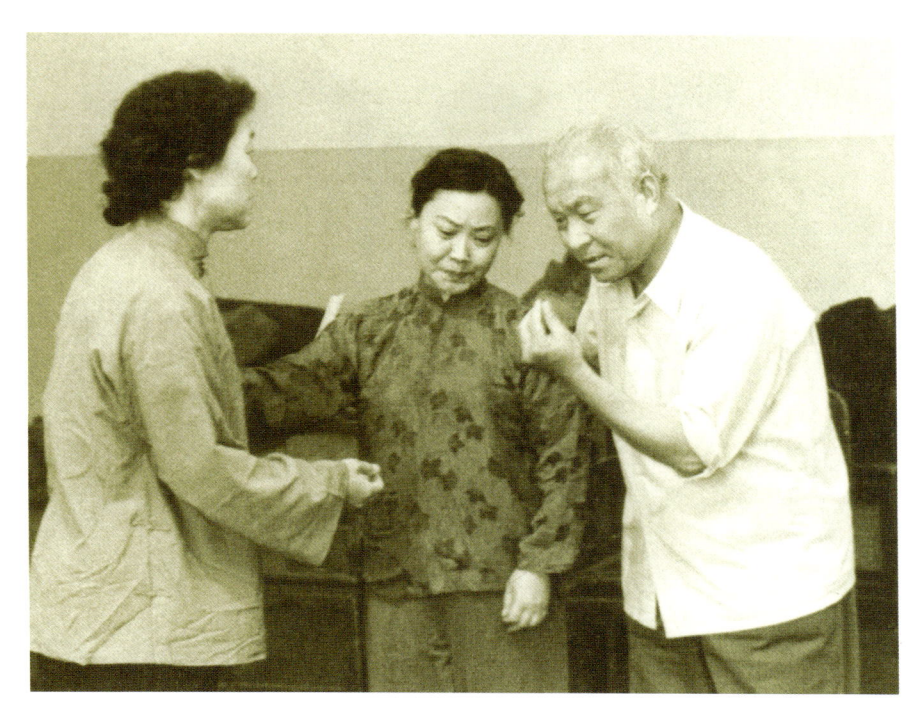

○○导演舒强给郭兰英说戏

场,观看了《兄妹开荒》的演出。演出结束后,毛泽东满意地拉着王大化的手说:'这才是为工农兵服务的样子嘛!'"[1]

通过新秧歌剧这个运动,解放区的文艺工作者开始沿着同广大工农兵相结合的方向去摸索和积累经验,找到了一条使新秧歌剧创作得以蓬勃发展的现实途径。过去的旧戏大都表现帝王将相、才子佳人,而新秧歌剧把人民大众的形象搬上了舞台,再加上形式简便,宜于演出,语言、音调又都是老百姓所熟悉和喜爱的;因而它一出现便受到广大群众的喜爱,很快便传播到了全国。

1944年6月28日,亲自领导延安中央党校秧歌队的诗人艾青,在《解放日报》上发表了着重于论述秧歌艺术性的《秧歌剧的形式》一文。毛泽东同志格外关注此文,他曾函告胡乔木:"乔木,此文写得很切实、生动,反映了与具体解决了几年来秧歌剧的情况和问题,除报上发表

---

[1] 刘辉主编.红色经典音乐概论[M].重庆:西南师范大学出版社,2015:88.

○○《王大娘赶集》剧本

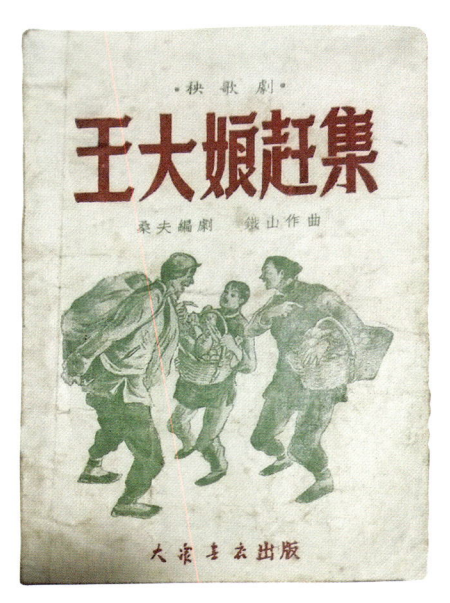

○○1947年,(左起)张奇虹、梁化群、郭兰英在石家庄

外,可印成小册,可起教本的作用。"[1]

此后,抗日根据地秧歌剧运动迅速发展。诗人艾青对秧歌剧作家和写新诗者提出"秧歌剧里的唱词,应是今天人民大众的诗和歌,是人民大众生活中最好的语言,是最富有性感、经验、智能的语言"的要求。迄今,此言对我们努力创造中国人民喜闻乐见的民族歌剧实践,仍然具有重要的意义。

1946年,郭兰英来到华北联大文工团,舒强导演给她先从秧歌剧《夫妻识字》《兄妹开荒》等小戏排起,培养她的创作方法和文艺思想。

1947年的春节前,华北联大文工团来到了冀中束鹿县的小李庄进行支前慰问演出,赶排的一批小节目中有郭兰英的秧歌剧《王大娘赶集》。该剧由在延安鲁迅艺术学院学习过的桑夫担任编剧、指导,刘铁山作曲。该剧是一部反映母女俩赶集购买慰问品,争做拥军模范的具有生活情趣的一个小秧歌剧,半个小时即可演完。

为演好该剧,郭兰英先是剪掉了电烫发,继之去离住

---

[1] 《中国歌剧史》编委会主编.中国歌剧史(1920—2000):上册[M].北京:文化艺术出版社,2012:170.

○○1978年，郭兰英在大庆油田为石油工人演出秧歌剧《夫妻识字》，高玉发饰青年农民刘二、郭兰英饰刘二妻

处十五里的小县城辛集的镶牙店让拔牙师傅把她的"名角儿标志"的两个金牙套拔掉。拔了金牙套，她转身就出了店门。拔牙师傅大感不解，赶紧追出门提醒她："金牙套是金的，很值钱，你带回去吧！"她说："不要了。"她当时的认识是，这就叫革命，拔掉这个东西，就标志着她与旧社会决裂了，这样就缩小了她与剧中人——一个农村小姑娘的思想感情距离。

该戏的演出，据老艺术家陈强回忆说，观众非常欢迎，方圆几十里地的老乡都赶来了，大家都来看郭兰英的精彩演出，看《王大娘赶集》——郭兰英把一个农村小姑娘骨子里的热情给唱出来了。对郭兰英所塑造的农村小姑娘的艺术形象，老乡们给予了充分肯定。随后，郭兰英从这里演到石家庄，又演到太原前线，直至演进了北京城，这出戏受到了文艺界与观众的称赞。后来，该剧成了新中国成立之初，中央戏剧学院附属歌剧团的常演剧目之一。

这还仅仅是演了一出小戏，不久后，郭兰英出演了能反映她演艺才华的大型歌剧《白毛女》。

二 新歌剧的里程碑——红色经典《白毛女》

《白毛女》是一部什么戏呢？《白毛女》是根据20世纪40年代初河北西部山区流传的"白毛仙姑"的故事改编而来的。它是延安鲁迅艺术学院集体创作，贺敬之、丁毅执笔，马可、张鲁、瞿维、焕之、向隅、陈紫和刘炽作曲的一部民族歌剧，是由《在延安文艺座谈会上的讲话》精神所孕育出的一部红色经典作品。它以鲜明的时代性、现实性和民族性的突出特点，在中国歌剧史上具有里程碑式的意义。

1945年4月，中国共产党第七次全国代表大会在延安召开。4月28日晚，中央党校礼堂灯火通明，从全国各地来的五百多名正式代表及九百多名列席代表和各机关首长、专家、名流共一千多人在这里观看了《白毛女》的首场演出。

"毛泽东来晚了些，他不声不响地进入座位。朱德来了，刘少奇来了，周恩来来了，《白毛女》全体人员感到无限的殊荣，庄严而又激动。"[1]

"据那晚饰演喜儿的王昆回忆，第一幕结束剧场休息时，导演到后台对大家说：'第一幕很成功，所有的人都拿着手绢擦眼泪。'全剧演完后，周恩来、邓颖超、刘澜涛、罗瑞卿等领导和许多代表都来到化妆间看

---

[1] 程云.王昆评传[M].北京：中国电影出版社，1997：99—100.

○○在歌剧《白毛女》中，郭兰英饰喜儿

望演员，有人说：'你们的戏让我们从头哭到尾，连叶剑英这行伍出身的同志也哭了，真是：英雄有泪不轻弹，只缘未到伤心处哇！'该剧首创艺术家们回忆，当年毛主席来看歌剧《白毛女》，有人从侧幕缝中看见毛主席感动得落泪，后来毛主席曾说：'这个戏很动人。'还有资料这样描述当时的演出场景：'当戏演到高潮，喜儿被救出山洞，后台唱出旧社会把人变成鬼，新社会把鬼变成人的歌声时，毛主席和其他中央领导同志一起起立鼓掌。'据黎辛回忆，《白毛女》首演第二天，中央书记处派人往鲁艺送去三条意见，说：第一，

歌剧表演艺术家郭兰英

○○1948年，郭兰英在北京演出《白毛女》时，在宣传画前留影

这个戏是非常适合时宜的；第二，黄世仁应当枪毙；第三，艺术上是成功的。当时，中央书记处由毛泽东、刘少奇、任弼时三人组成，毛泽东同志又是中央政治局与中央书记处的主席。毛主席看完戏后这么认真而迅速地表示意见，据我所知是前所未有的。"[1]《白毛女》首演轰动延安，成为当时延安的一大文艺盛事。此后，该剧在延安前后共演出三十多场，机关、部队及群众大都看过，有人连看数次，还有人远远从安塞、甘泉走来观看。

这之后，伴随着中国革命的发展和解放战争的进程，《白毛女》在全国新老解放区竞相上演，其影响之深远、感人之强烈可谓空前。陈强饰演黄世仁的"遭遇"就很有代表性。据他回忆，"一次在河北河间为部队演出，战士们刚刚开过诉苦大会就来看戏，演到最后一幕时，战士们在台下泣不成声，观众喊：'打倒黄世仁！'一个翻身后新参军的战士哗啦一下子就把子弹推上膛，向舞台上的'黄世仁'瞄准。幸亏在这紧要关头

---

[1] 韩子勇，祝东力，鲁太光，等.共产党人的"初心"与文艺工作的使命[J].文艺研究，2019（07）．

1955年10月，郭兰英（右二）与马可（右一）、松山树子（右三，日本松山芭蕾舞团演员）、王昆（左二）在一起

被班长发现，把枪夺过去"[1]。这类战士要开枪打黄世仁的情况，在其他地方也屡有发生，以致后来出台规定，战士看《白毛女》时不许带子弹。丁玲谈到《白毛女》时，说它是"当时广大农村不可缺少的精神食粮，每次演出都是满村空巷，扶老携幼，屋顶上是人，墙头上是人，树杈上是人，草垛上是人。凄凉的情节，悲壮的音乐激动着全场的观众，有的泪流满面，有的掩面呜咽，一团一团的怒火压在胸间"。[2]《白毛女》演出后，农民中常会掀起参军、"土改"的高潮。香港同胞也深爱《白毛女》，据资料记载，1948年5月到6月间，九龙普庆大戏院演出该剧时，"轰动了港九，有人甚至从广州、潮汕、澳门等地赶来看戏"。

这就是文艺的作用，一部歌剧感动了社会各阶层、各行业、各年龄段的人，使他们满怀激情地投入到打破旧社会、建设新中国的革命中去。

《白毛女》的作用不局限于国内，1949年后，其还

---

1 《中国歌剧史》编委会主编.中国歌剧史（1920—2000）：上册[M].北京：文化艺术出版社，2012：214.
2 张炯主编.丁玲全集[M].石家庄：河北人民出版社，2001：701.

传播到了国外。1955年，日本松山芭蕾舞团将电影《白毛女》改编成芭蕾舞，在日本公演，并于1958年来华演出。他们的演出受到了热烈欢迎并得到高度赞誉，这又书写了中日文艺史、外交史上的一段佳话。"在芭蕾舞剧《白毛女》中主演喜儿的松山树子就说：'白毛女与日本农民有本质上的联系。我确信《白毛女》中所写的对旧社会的憎恨不单是中国人民的憎恨，同时也是日本人民的憎恨，全世界人民的憎恨。'"[1]通过一部剧，在中国人民与日本人民之间架起了一座"心桥"，沟通了他们之间的感情，密切了他们之间的关系，这力量堪称巨大！

从1946年1月起，由华北联大文工团和晋察冀军区抗敌剧社联合演出的新歌剧《白毛女》在张家口市人民剧院公演。郭兰英曾讲述过自己首次看《白毛女》的经过。

> 我早听人家说《白毛女》是个很好的戏，是个"歌剧"，歌剧是个什么样的东西我也不知道。我早就想看了，就是没有机会。这次好容易碰上，我就兴冲冲地跑去看戏。戏一开头就"拿"人……说实在的，这时候我已经演过几年戏了，我知道舞台上人物的喜怒哀乐都是演员表演出来的，所以我看戏一般是不那么容易激动的。可是看了《白毛女》，我却怎么也控制不住自己的感情了，一边看，一边就止不住地流下了眼泪。[2]

郭兰英一看《白毛女》，就被这部戏的革命性吸引住

---

1 张炯主编.丁玲全集[M].石家庄：河北人民出版社，2001：701.
2 《勋章：共和国不会忘记》编写组编.勋章：共和国不会忘记[M].北京：新华出版社，2019：131.

了，因为她自己的遭遇与剧中的主人公喜儿的遭遇颇为相似，这部戏促使她参加了革命队伍，并使她下定决心当演员就一定要扮演喜儿这样的角色。

三　救场首演《白毛女》

郭兰英在华北联大文工团同志们的帮助下，进步很快；尤其是排练《白毛女》，对她是一个更大的促进。舒强导演为她分析剧中人物喜儿，说明喜儿所处的时代背景，讲喜儿的内心独白、潜台词等。

1947年11月12日，中国人民解放军攻克石门市（今石家庄市），石家庄宣告解放。同年底，华北联大文工团开始在石家庄市人民剧场演出民族歌剧《白毛女》，起初由徐捷、孟于饰喜儿，郭兰英在场面上打小锣。郭兰英特别专心，她一边打小锣，一边认真地看戏，早把喜儿的歌唱、道白和身段表演钻研得透透彻彻了。

一日，演喜儿的徐捷病了，不能上场，孟于也有别的事干，团领导就问郭兰英："兰英，你能不能演喜儿？"郭兰英在戏曲剧团时就深知"救场如救火"的道理，便谦虚地以内行话说："那就让我试试吧！不过，大家伙要兜着点。"

郭兰英化好妆上场了，导演舒强在侧幕条旁把场。一开始演唱"北风那个吹"一段，郭兰英就唱得节奏很稳，蛮好听的。在唱到"我等我的爹爹，回家过年"一句时，"过"字前有个休止符，人们怕她拿不准，其实这类似梆子声腔中的闪板唱法，郭兰英在儿时就学会了，所以她到此一顿，唱得很顺溜。乐队伴奏人员不由得说："真是个行家里手！"舒强说："她有戏曲的底

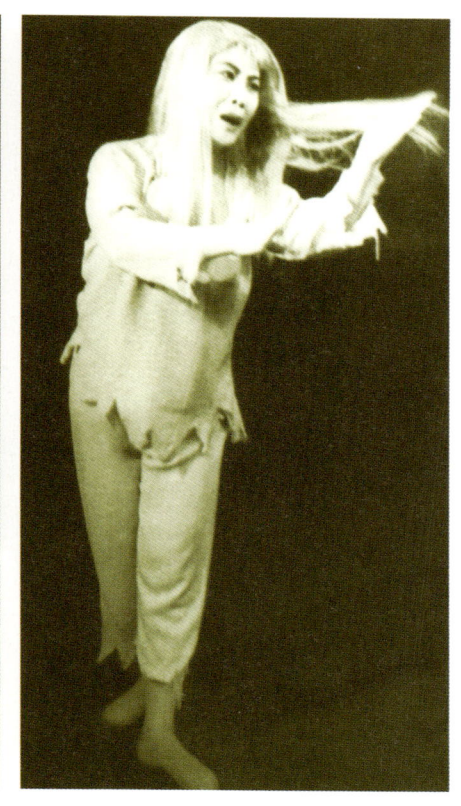

○○歌剧《白毛女》剧照。地主黄世仁（陈强饰）和黄母（李波饰）对喜儿（郭兰英饰）百般欺凌　　○○歌剧《白毛女》剧照。郭兰英饰喜儿

功啊，错不了。"

当戏演到喜儿在"黑虎堂"被黄世仁糟蹋后，喜儿的满腔愤怒像火山般爆发出来，在唱"娘生我，爹养我，生我养我为什么"的"爹养我"时，但见她"扑通"一声跪倒在地——这不禁令观众一惊，更令观众泪如泉涌！接着她快速低声吟唱："这叫我怎么有脸去见人，这叫我怎么活……"她把感情积蓄到了饱和点再释放出来，立时感染了全场观众。

舒强看了，点头称好。因为这"跪"并非他在导演时所导，而是郭兰英在二度创作中的即兴表演。在当时的情景下，郭兰英受激情的驱使，独出心裁地作出了这样的动作，真乃"神来之笔"。这一发自内心的动作，得到了导演和观众的肯定，此后便成为《白毛女》演出的"规定动作"而被保留下来。

在戏的高潮部分，郭兰英由于缺乏经验，也由于她

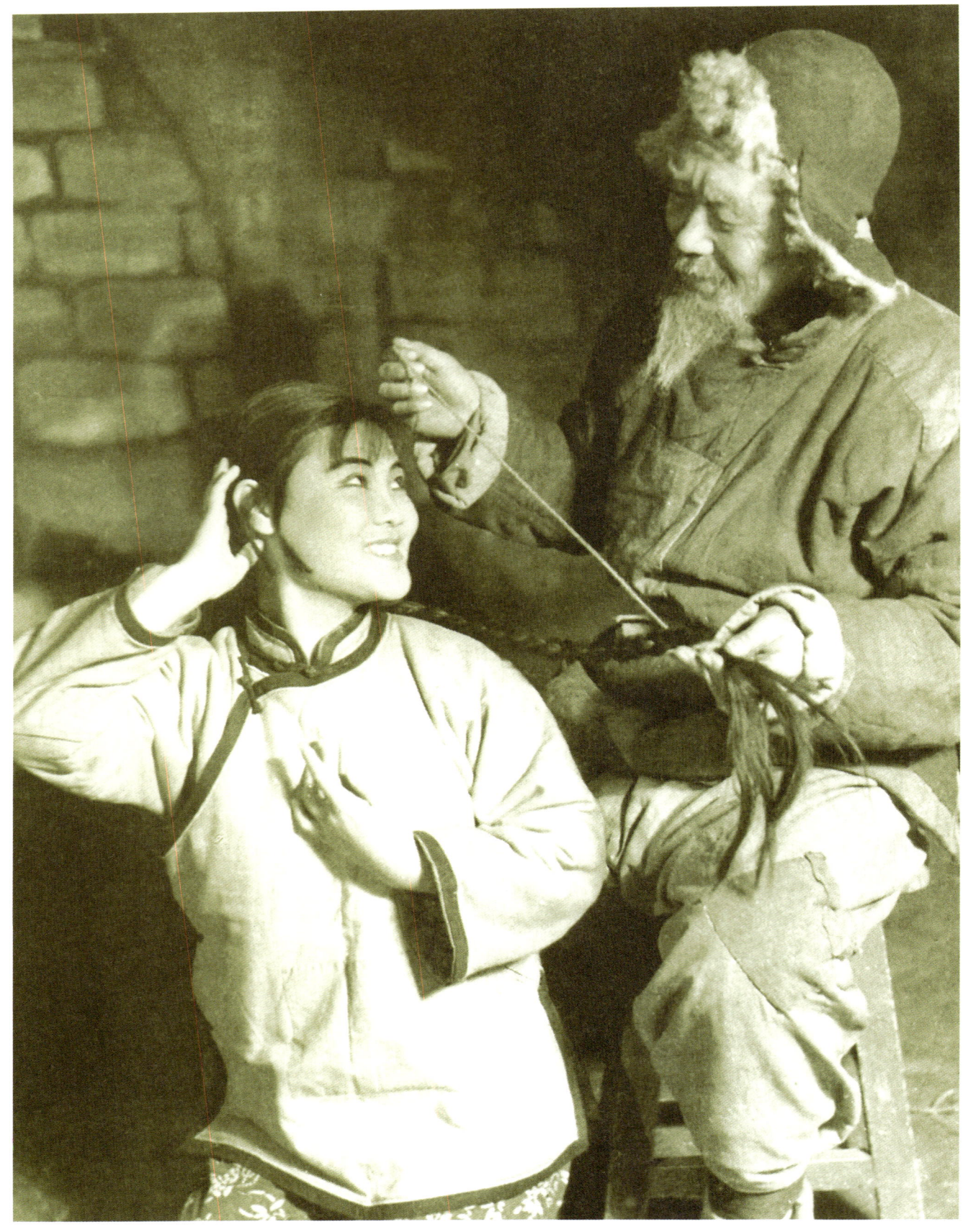

○○歌剧《白毛女》剧照。年三十晚上，杨白劳（前民饰）买回二尺红头绳，高兴地给喜儿（郭兰英饰）扎起来

联想到自己的身世，在某些地方用个人的感情代替了剧中人的感情。如喜儿被大春救回参加斗争会时，她手指恶霸地主黄世仁放声痛哭，哭得一塌糊涂，唱词变成了断断续续的道白，唱不下去了。台下的观众被感染得振臂高呼："打倒恶霸地主黄世仁！""严厉镇压恶霸地主！"舒强不得不从侧幕条旁提示她控制住自己的感情，好在她艺术功底扎实，能够及时控制住自己，终于使全剧获得了成功。

郭兰英：演员要跟角色融为一体，但角色的经历演员并不一定都能有，这时就要求演员学会"移情"，通过联想自身与角色相似的经历，调动情感，帮助自己进入角色。[1]

---

[1] 摘自郭兰英在2017年举办的中国民族歌剧创作座谈会上的发言。

四 《白毛女》首出国门放异彩

1951年，第三届世界青年联欢节在柏林举行。我国派出了阵容强大的有二百多人的代表团参加，其中的文工团包括了我国音乐、舞蹈、京剧和杂技等专业方面最杰出的青年人物。文工团在周巍峙等同志的率领下，从1951年7月到1952年7月，访问了民主德国、匈牙利、波兰、捷克斯洛伐克、罗马尼亚、保加利亚、阿尔巴尼亚、苏联这八个社会主义国家，还在奥地利共产党的邀请下来到了当时由苏、美、英、法共管的维也纳演出了歌剧《白毛女》，举办了音乐、舞蹈晚会及京剧、杂技晚会，他们是第一个进入"金色大厅"演出的中国文艺团体。代表团除了演出外，还观摩了苏联、德国、奥地利、捷克斯洛伐克和匈牙利等多国的代表性歌剧。

民族歌剧《白毛女》是我国代表团参加第三届世界青年联欢节的重点剧目，参加演出的都是国内优秀的演员，如王昆、郭兰英（饰喜儿）、张守维（饰杨白劳）、陈强（饰黄世仁）、李波（饰黄母）、韩冰（饰张二婶）等，演出非常成功。该剧受到观众极热烈的欢迎，欧洲的观众对于歌剧里所反映的中国农民遭受地主压迫，在中国共产党领导下起来革命的内容也都十分理解。奥地利的《人民之音》报就评论道："歌剧的音乐——如同根据实事由优秀艺术家集体创作的词——是从中国古老的民间艺术用之不尽的泉源中创造出来的，并且发展和运用了欧洲近代音

○○《白毛女》中，郭兰英饰喜儿（20世纪80年代演出照）

歌剧表演艺术家郭兰英

○○1962年演出的歌剧《白毛女》剧照：喜儿（郭兰英饰）、杨白劳（罗民池饰）、赵大叔（赵振立饰）、王大婶（亚洁饰）、王大春（关云阶饰）在一起

乐的技术，……因此完全保持着和深入着民族风格的中国新音乐，使各国人民都能了解和感到亲切。""据扮演黄世仁的陈强回忆，当年在维也纳演出《白毛女》结束，主要演员谢幕接受献花时，有观众激动地叫喊：'不要给黄世仁献花！'可见观众已经完全'入戏'了！"[1]

> 我参加和平运动以来，对中国人民的伟大是早就了解的，但那是从书本上看到的，这次在舞台上看到了《白毛女》，才更生动更深刻地看到了中国人民不可战胜的力量。[2]
>
> ——拉斐德（世界和平理事会书记）

---

[1] 《中国歌剧史》编委会主编.中国歌剧史（1920—2000）：上册[M].北京：文化艺术出版社，2012：366.
[2] 同上。

○○歌剧《白毛女》剧照。年三十晚上，杨白劳买回二尺红头绳，高兴地给喜儿（郭兰英饰）扎起来

○○歌剧《白毛女》剧照。喜儿（郭兰英饰）扎上红头绳，欢欢喜喜准备过年

歌剧表演艺术家郭兰英

○○歌剧《白毛女》剧照。喜儿（郭兰英饰）在黄世仁家受尽了折磨，她在怒斥黄母

○○歌剧《白毛女》剧照。喜儿（郭兰英饰）向张二婶诉说自己的不幸

○○歌剧《白毛女》剧照。地主黄世仁和万恶的旧社会，把喜儿（郭兰英饰）逼成了白毛女

○○歌剧《白毛女》剧照。在共产党、毛主席领导下，人民得到了解放，喜儿（郭兰英饰）和乡亲们欢庆胜利

○○歌剧《白毛女》剧照。在斗争大会上，喜儿（郭兰英饰）愤怒地控诉黄世仁的罪行

附：演唱谱例

恨似高山仇似海

（民族歌剧《白毛女》选曲）

$1={}^\flat B$ 4/4

贺敬之 词
马　可 曲

中速 自由地

（歌词）
恨似高山
仇似海，
路断星灭　　我等待。
冤魂不散我人不死，雷暴雨翻天
我又来！　哎
闪电哪，快撕开黑云
头；　响雷啊，你劈开那天河

歌剧表演艺术家郭兰英

133

五　演出《小二黑结婚》

○○作曲家马可

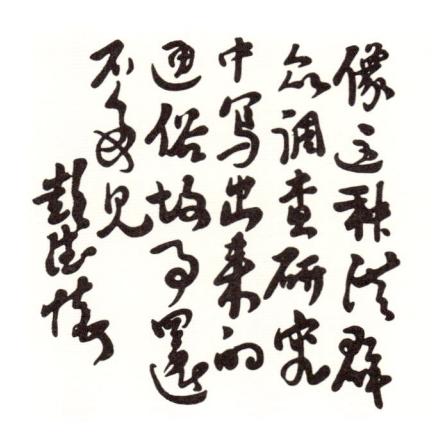

○○彭德怀为《小二黑结婚》题词

　　《小二黑结婚》是一部五场民族歌剧，是中央戏剧学院歌剧系根据著名作家赵树理的同名小说集体改编的，田川、杨兰春执笔，马可、乔谷、贺飞、张佩衡作曲。

　　该剧写的是抗日战争时期，山西刘家峧村于小芹和小二黑这一对青年情投意合、真诚相爱，却遭到了三仙姑、二诸葛、金旺弟兄等多种人物的强烈反对。二位青年在民主政权的支持下，勇敢地同旧的封建婚姻制度、封建思想进行了坚决的斗争，最后终于取得了胜利，皆大欢喜。

　　全剧的音乐以地方戏曲三梆（山西梆子、河南梆子、河北梆子）、一落（评剧）为基本素材，用板腔体的手法来统领全剧音乐，刻画剧中人物形象，走出了一条新路。这是继《白毛女》之后，民族歌剧音乐在创作上学习、继承民族戏曲遗产发展新歌剧的一次成功的尝试。郭兰英扮演剧中主人公于小芹，她把传统戏曲的演唱、表演方法用于新歌剧中，使得该剧成为新歌剧的成功范例。

　　当作曲者在创作二百多句的大段抒情段落的音乐而发生卡顿时，是郭兰英按照山西梆子的处理方法将其唱了一遍，使作曲者从板腔体结构中得到启发，最终运用板腔体善于发展旋律的长处顺利地解决了这一难题。

　　此剧传唱率最高的唱段是第一场里的《清粼粼的水来蓝莹莹的天》。郭兰英是怎样演唱的呢？她把全曲分为四个层次来表现。

○○在歌剧《小二黑结婚》中,郭兰英饰小芹(1977年演出照)

第一个层次：

　　清粼粼的水来蓝格莹莹的天，
　　小芹我洗衣裳来到了河边。

这个层次是慢板唱腔（类似晋剧的一板三眼的〔四股眼〕唱腔），长于抒情。郭兰英以缓慢的速度，高音抒情，低音实而不虚，用透明的音色、甜美的歌声，把听众带入了山清水秀、景色宜人的山乡之中。

第二个层次：

　　二黑哥县里去开英雄会，
　　他说是，他说是今天要回家转。
　　我前晌也等，后晌也盼，
　　站也站不定，坐也坐不安，
　　背着俺的爹娘，
　　来洗衣衫。

这个层次是一段带有叙事性的小乐段。郭兰英用旋律的高扬与直下、乐句的长短参差，把一个少女急切盼望有情人归来的心情表现得淋漓尽致。

第三个层次：

　　你去开会那一天，
　　乡亲们送你到村外边。
　　有心想跟你说呀，
　　说上那几句话，
　　人多眼杂，
　　人多眼杂我没敢靠前，没敢靠前。

○○郭兰英剧照

在歌剧《小二黑结婚》中，郭兰英饰小芹、于夫饰小二黑（1953年演出照）

这一层次是于小芹对送小二黑开会时的追忆，郭兰英用中板（或快三眼）的速度演唱，在"说"字和"人多眼杂"的重复处，都唱小顿音，吐字、用气和音量相配合，使句子似断又连，柔婉、含蓄地描绘出腼腆羞怯的于小芹对小二黑那情意缠绵的爱。

第四个层次：

> 昨夜晚小芹我做了一个梦，
> 梦见了二黑哥当了模范。
> 人人都夸你，
> 夸你是神枪手。
> 人人都夸你打鬼子最勇敢。
> 县长也给你披红又戴花，
> 你红光满面站在讲台前，
> 大伙儿呀，
> 大伙儿呀，
> 你拍手啊，

歌剧《小二黑结婚》剧照。郭兰英所饰小芹和小二黑(张扬饰)难舍难分，心心相印

○○歌剧《小二黑结婚》剧照。姐妹们边洗衣裳边和郭兰英所饰小芹（中）逗趣

他叫喊哪，

　　拍手叫喊，都说你是一个好呀好青年，

　　好青年！

这个层次郭兰英的演唱速度转快，加强了说的成分，她充分发挥了戏曲中唱〔夹板〕和〔垛板〕时嘴皮子的功夫，注意演唱的轻重缓急，注意咬字清晰，在结尾处的"好"字上挑高、放慢，"青"字上有意做一停顿后，饱满地结束在拖腔上，着意渲染了于小芹对二黑哥的赞许以及对未来幸福生活的向往。

六　演出歌剧《刘胡兰》

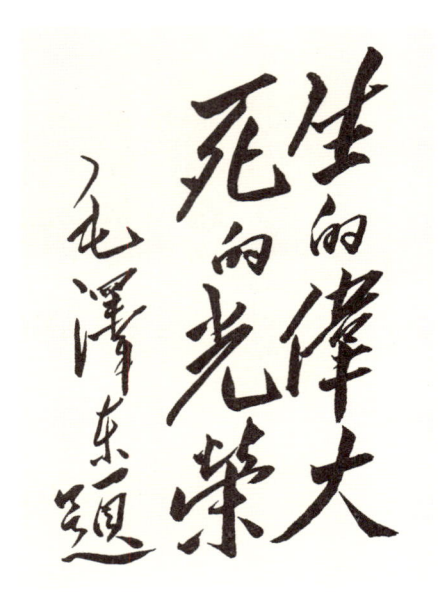

○○毛泽东为烈士刘胡兰题词

○○《刘胡兰》剧照

歌剧《刘胡兰》，1948年由战斗剧社集体创作，魏风、刘莲池等执笔，同年首演。1954年，中央实验歌剧院重新创作演出，由于村、海啸、卢肃编剧，陈紫、茅沅、葛光锐作曲。

该剧根据女英雄刘胡兰的真人真事创作。刘胡兰，女，山西省文水县云周西村人，中共党员。她平时发动和领导全村妇女为我军送粮食、做军鞋，看护伤病员，领导穷人闹翻身，帮助孤寡老人，做争取阎匪军士兵回家等革命工作。十五岁时不幸被捕，在敌人的铡刀下，她坚贞不屈，英勇就义。毛主席得知她的事迹后，题词"生的伟大，死的光荣"。

1956年，该剧再度公演，由郭兰英饰刘胡兰。该剧的核心唱段《一道道水来一道道山》音域较宽，节奏变化多端，曲调流畅，散发着浓郁的山西乡土气息。郭兰英在演唱时，运用在戏曲中磨炼的"丹田"用气功夫，很好地控制了音量的大小与音色的明暗，咬字清晰，字头鲜明、字腹响亮、字尾干净，把唱词交代得一清二楚，真假声巧妙结合，声区转换自然，并将刘胡兰热爱人民、热爱人民军队的情感以及她决心为伟大的共产主义而献身的崇高思想完全地体现了出来，使观众看后深受鼓舞。这之后，该唱段成为人们传唱不衰的经典。

歌剧表演艺术家郭兰英

○ ○ 1956年，郭兰英在歌剧《刘胡兰》中饰刘胡兰

附：演唱谱例

一道道水来一道道山

（民族歌剧《刘胡兰》选曲）

于村 海啸 词
陈紫 茅沅等曲

1=G 2/4 6/8 3/8 3/4

慢速 柔和地

(1 7 6 5 | 1· 2 5 | 1 4 3 2 | 1 — |

1 5 6 5 | 4 3 2 1 | 5 2 5 1 7 6 | 5 —)

1 7 6 5 | 1 2 5 | 5 — | 1 4 3 2 |
一 道 道 水 来　　　　　一 道 道

1· (7 6 | 5 5 4 3 2 | 1 2 3 1 5) | 1 5 6 5 |
山，　　　　　　　　　　　　　　　队 伍

4 3 2 1 | 5 2 5 1 7 6 | 5· (6 5 | 4· 3 2 |
出 发 要 上 前 线。

1 2 4 6 | 5 —) | 1 7 6 5 | 1 2 5 |
　　　　　　　　　一 心 一 意

5 — | 1 4 3 2 | 1· (7 6 | 5 5 4 3 2 |
去 打 仗，

1 2 3 1 5) | 1 5 6 5 | 4 3 2 1 | 5· 1 ♭7 6 5 |
　　　　　后 方 的 事 情 别 挂 在

轻快的慢速

1 2 4 7 6 5 | 5 2 5 1 7 6 | 5 — ‖: 6/8 5 5 1 6 5 |
心 间，　别 挂 在 心 间。

放心吧！别挂牵，真金不怕火来炼，绳索刀斧摆在面前，也难也难动我的心半点。

放心吧！别挂牵，句句话儿记在心间，不怕风来不怕浪，不怕不怕难来不避险。

埋头一心多工作，争取胜利早实现。风会停，云会散，阎匪总会消灭完。等着吧！

| 1 2 4 5 5 | 6 - | 6· 2 | 1 7 6 5 6 5 |
到了胜利的那

| 4· 3 2 | 1 2 4 5 | 1 7 6 | 5 - | (5· 6 5 |
天， 我们再相 见。

| 4· 3 2 | 1 2 4 6 | 5 -) |
| 0 0 | 0 0 0 | 0 0 ‖

七 演出《窦娥冤》等

大型歌剧《窦娥冤》是一部由中国歌剧舞剧院侣朋改编自中国最著名的悲剧之一、关汉卿的元杂剧《感天动地窦娥冤》的作品，陈紫、杜宇作曲，郭兰英主演，1960年5月中央实验歌剧院首演于北京天桥剧场。

郭兰英在该剧中紧紧抓住了三个重要环节来塑造窦娥这一人物形象。

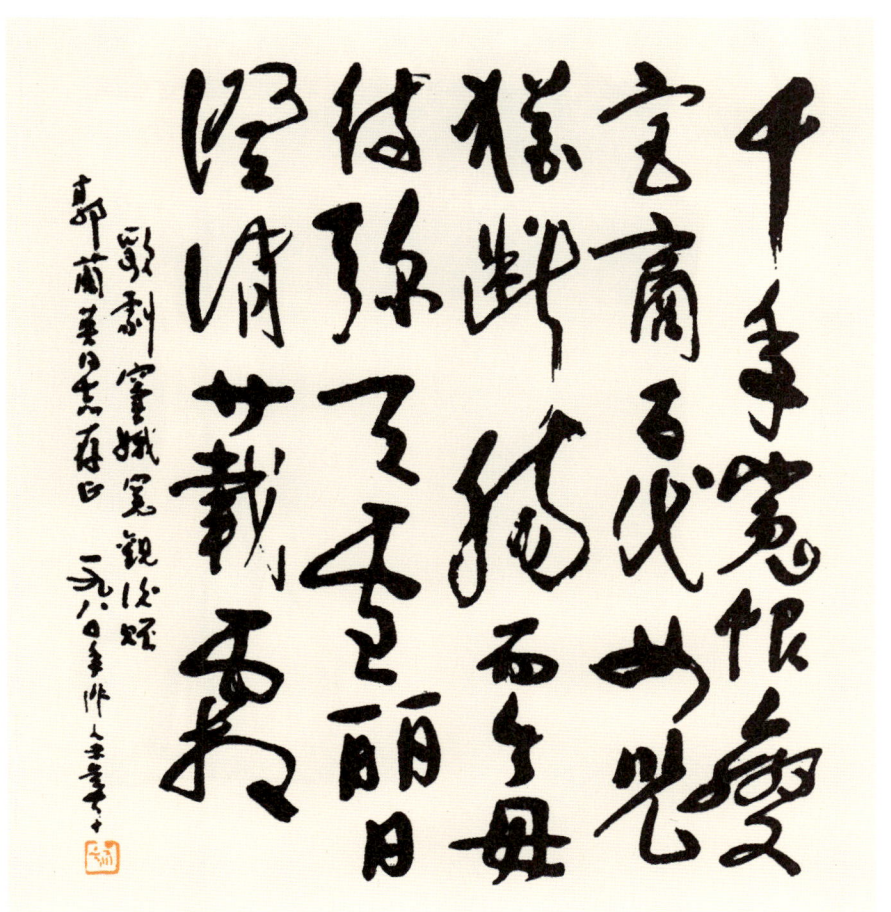

○○著名画家吴作人观看郭兰英演出的歌剧《窦娥冤》后题词勉励

○○1960年，郭兰英在歌剧《窦娥冤》中饰窦娥

○○ 1979年,郭兰英在歌剧《窦娥冤》中饰窦娥

歌剧表演艺术家郭兰英

○○1982年，郭兰英再次出演歌剧《窦娥冤》

第一个环节：美。窦娥七岁时，为成全父亲窦天章求取功名的愿望而甘愿忍受父女分离的痛苦；后她遭人诬陷，公堂之上，为免却婆母身受酷刑她只得屈打成招，这些充分说明她具有贤惠、孝顺、善良的美德。

第二个环节：怨。封建社会贪官污吏当道，"官不仁，吏不慈"，窦娥"怨天地清浊不辨"，使"为善的受贫穷遭诬陷"，因而造成了她的冤案，她"定要感动苍天"，这说明她有着一种不甘受屈的怨。

第三个环节：情。窦娥冤死后，作者以浪漫主义的手法，让她给父亲托梦，诉告自己的冤情。歌声中，对父亲充满依恋之情的窦娥满怀父亲能为她摘掉罪名的期望。

○○郭兰英在歌剧《春雷》中饰满妹子

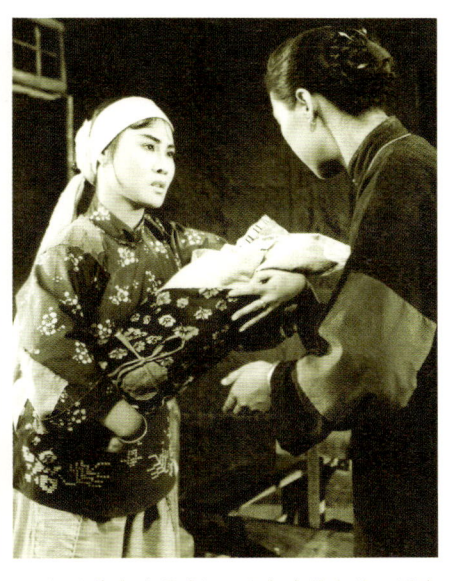

○○郭兰英在歌剧《红云崖》中饰冬花。图为冬花将孩子交于大青嫂，只身上红云崖去护卫红色标语

○○郭兰英在歌剧《红梅岭》中饰冷翠。图为冷翠在生活中得到了队长的关心和帮助

窦娥化为鬼魂时的那段演唱之所以能取得特别理想的效果，是因为郭兰英运用了山西梆子"二本腔"（鬼音）的高八度音去演唱。那段戏郭兰英表演得十分精彩。她拖着长长的白纱水袖翻、转、闪、舞，把一个淳朴善良、坚强不屈的古代女子形象惟妙惟肖地呈现在了舞台上，使人惊叹不已！

此外，郭兰英还领衔主演了《红霞》《红云崖》《春雷》和《红梅岭》等多部民族歌剧。

郭兰英：作为一个歌剧演员，中心任务就是要塑造出真实、感人的人物形象。

第一，要全面认识、深刻理解人物形象；第二，要全身心投入到音乐形象之中，感动别人之前，先感动自己；第三，要有全面、扎实的表演能力。[1]

---

1 摘自郭兰英在2017年举办的中国民族歌剧创作座谈会上的发言。

○○郭兰英在歌剧《春雷》中饰海妹子

附：演唱谱例

我的亲爹爹

（民族歌剧《窦娥冤》选曲）

侣 明 词
陈紫 杜宇 曲

1=A 4/4 2/4

(慢)
(5 5 5· 1 2 | 3 5 2 3 2 3 2 1 |

5 1 6 5 ‖: 5 1 6 5 3 5 2 3 :‖: 5 1 6 5 1 6 :‖

5) 6 6 6·5 5 3 | 5 3 — — |
      我的 亲爹 爹 （啊

4/4 3·2 3 5 2·3 2 1 | 2·3 1 6 5 0 1·2 |
咿）

1 6 5 3 5 2 3 3 5 — | (2 2 3 2 1 7 6 5 6 1 |

2 2 3 2 1 2 1 7 6 5 | 2 2 3 1 2 3 5 2 3 5 3 |

5 1 6 1 6 5 3 5 2 3 2 1 | 7 7 7 7 2 7 2 7 2 7 2 7 2 |

5 3 5 2 3 1 2 3 5 2 1 2 1 2 3 | 5 1 6 5) 0 5 2 4 5 |
                                                爹

4 3 2 1 0 2 3 5 | 2 7 6 6· (7 6 7 6 5 |
爹   不   该,

$\frac{2}{4}$ $\widehat{\dot{2}\cdot\ \dot{4}\dot{3}\ \dot{2}\dot{1}}$ | $\widehat{\flat\dot{7}\cdot\ \underline{5}\ 7\ \dot{1}}$ | $\dot{2}\quad 0$ | $\underline{5\ \dot{2}\dot{5}}\ \flat\dot{7}\cdot\ \dot{1}$ |
把　我　窦　　娥　　　　屈　死　的

$\widehat{\dot{2}\ \dot{1}\ 5}$ | $\underline{5\ \dot{2}\dot{5}}\ \underline{\dot{2}\ \dot{1}}$ | $\underline{7\ 6}\ \underline{5\ 6}$ | $\underline{4\ 5\ 4\ 5}\ \underline{6\ \dot{1}}$ |
罪　名　屈　死　的　罪　名　来

$\underline{5\ 6\ \dot{1}}\ \underline{6\ 5\ 4\ 3}$ | $\dot{2}\cdot\ 3$ | $\underline{1\ 2}\ \underline{5\ 4\ 3}$ | $\dot{2}\ -$ |
改。

$\dot{2}\ -\ (\underline{\dot{4}\dot{3}\dot{2}\ 0}$ | $\underline{7\ \dot{1}\ \dot{2}}\ 0$ | $\underline{\dot{4}\dot{3}\dot{2}}\ \underline{7\ \dot{1}\dot{2}}$ | $\underline{\dot{4}\dot{3}\dot{2}\dot{1}}\ \underline{7\ 5\ 7\ \dot{1}}$ |

慢速
$\frac{4}{4}$ $\underline{\dot{2}\ \dot{2}\ \dot{2}}\ \underline{\dot{3}\ \dot{5}}\ \underline{\dot{1}\ \dot{1}}\ \underline{7\ 6}$ | $\underline{5\cdot\ 6}\ \underline{\dot{2}\ 7}\ 6\cdot\ \underline{5}$ |

$\underline{6\ 5}\ \underline{4\ 3}\ 2\cdot\ 3$ | $\underline{1\ 2}\ \underline{4\ 3}\ 2\ -\ )$ |

$\dot{2}\cdot\ \underline{\dot{3}\ \dot{5}}\ \dot{1}\cdot\ \dot{2}$ | $\underline{5\cdot\ 6}\ \underline{\dot{2}\ 7}\ 6\ -$ |
望　着　我　的　老　父　亲

$\dot{1}\cdot\ \underline{6\ \dot{1}}\ \dot{2}\cdot\ \dot{1}$ | $\underline{\dot{2}\ 7}\ \underline{6\ \dot{1}}\ 5\ -$ |
深　　深　　拜，

$\dot{2}\ \dot{2}\ 5\ \dot{1}\cdot\ \dot{2}$ | $\underline{5\cdot\ 4}\ \underline{3\ 5}\ 2\cdot\ \dot{1}$ |
你怎　不　认　你　的

$\widehat{\dot{1}4}\cdot$ 5 $\widehat{\dot{1}\cdot 7 6 \dot{1}}$ | $\widehat{\dot{5}\cdot 6}$ 4 3 2 — |
端　　云　　　　孩。

($\dot{2}\cdot$ $\underline{3 5}$ $\widehat{\dot{1}\cdot\ \dot{2}}$ | 5 6 $\dot{2}$ 7 6· 5 |

6· $\underline{5}$ 4 3 2· $\underline{3}$ | $\underline{1\ 2}$ $\underline{4\ 3}$ 2 —)|

$\dot{2}\cdot$ $\underline{\dot{3} \dot{5}}$ $\widehat{\dot{1}\cdot\ \dot{2}}$ | 5· $\underline{6}$ $\dot{2}$ 7 6 — |
你　忘　了　　洛 阳 去 求 名，

$\widehat{\dot{1}\cdot\ 6\dot{1}}$ $\widehat{\dot{2}\cdot\ \dot{1}}$ | $\widehat{\dot{2}\ 7}$ $\widehat{6\ \dot{1}}$ $\widehat{\dot{1}\ 5}$ — |
七　　岁　　　把　我　卖；

$\widehat{\dot{2}\ \dot{2}}$ $\widehat{5\ \dot{1}\cdot}$ $\dot{2}$ | $\dot{6}\ \dot{6}\ 0\ \overset{7}{\dot{6}}$ $\underline{5\cdot\ 6}$ $\underline{4\ 3}$ |
你　忘　了　　临 别　三 击

$\dot{2}$ — — — | $\widehat{\dot{2}\ 7}$ $\underline{6\ 5}$ $\dot{1}$ — |
掌，　　　　　　骨　肉

$\underline{\dot{1}\ \dot{3}}$ $\underline{\dot{2}\ 7}$ $\underline{6\cdot\ 5}$ $\underline{6\cdot\ 3}$ | $\frac{2}{4}$ 5 — |$^\text{廿}$ ($\underline{\dot{1}6 5}$　$\underline{\dot{1}6 5}$　$\underline{\dot{1}6 5}$
才　　分　　　开。

$\underline{\dot{1}6 5}$　$\dot{1}$　$\dot{2}$　5 — — — — $\underline{\overset{>}{\dot{4}}\ \overset{>}{\dot{3}}}$　$\underline{\overset{>}{\dot{2}}\ \overset{>}{\dot{1}}}$

♭7 6　5 4　$\underline{2\ 4\ 2\ 1}$　$\underline{2\ 1\ 2\ 5}$　1 — — — — — —)|

中快

许我秋深落叶归,

许我冬寒带雪回。

等到花儿谢了又开,

等到那雁儿去了又来,

雁儿去了又来。

自由

十三年的苦思苦盼,

望不见马蹄儿

| 0 $\dot{5}$ $\dot{2}$ $\dot{3}$ $\dot{5}$ $\dot{2}$ $\dot{1}$ 7 6 | 0 6 6 6 6 6 $\dot{1}$·$\dot{2}$ #$\dot{4}$ $\dot{5}$ |
载　着　爹　爹　你　　　你　你　你　你　回

| $\dot{6}$· $\dot{5}$ 6 5　#4 2 | 5 － － － ‖
来。

八　驾驭舞台的高手

郭兰英有非凡的驾驭舞台的能力。她在演出的过程中，始终能让所扮演的角色处于最佳状态。这突出地表现在当舞台上发生意外事故时，她总能设法化险为夷。

1958年夏，在西南地区巡回演出时，郭兰英在新上演的歌剧《红霞》中曾遇到三次舞台事故，均被她于瞬间或修改唱词，或自创唱腔，或改变动作而一一化解。

其一，第一幕，村头，红霞与即将随红军撤离的爱人告别，歌中唱道：

> 没有给你做双鞋，
> 没有给你烧碗汤，
> 你把我这手镯带在身上，
> ……

○○ 郭兰英在歌剧《红霞》中饰红霞。图为红霞为免全村乡亲们遭难，假意答应为敌人带路

○○ 郭兰英在歌剧《红霞》中饰红霞。图为红军转移时，红霞将手镯交于丈夫赵志刚

她每次唱到这一句时，就将左腕上的手镯捋下来送给对方。而这天的演出，因管道具的疏忽，未给她镯子，当她刚唱此句并顺手捋镯时，才发现手腕上空空如也。此时，她完全可以做一个送手镯的虚拟动作并接唱下去，但郭兰英灵机一动，便将后半句唱词"手镯带在身上"改为"话儿记在心上"了。其二，第三幕，红霞被迫为白匪军带路连夜追赶红军，出场前有两句幕后唱腔：

○○郭兰英和歌剧《红霞》作者石汉（右一）

　　红霞带路穿深山，
　　一步走来一步难。

大幕在歌声中徐徐拉开，红霞被押上场。在一次演出中，大幕仅拉开三分之一便被卡住了，直到〔导板〕即将唱完，大幕仍未拉开。郭兰英不慌不忙，歌声不止，她将〔导板〕的尾腔以"无词歌"似的即兴发展，忽高忽低、时强时弱，悠扬动人的旋律游弋于〔导板〕的基调之中，足足有两分钟之久，直到大幕完全拉开，她那"无词歌"才又回到〔导板〕的终止音上。其三，第三幕，红霞被迫来到一处山中茶店，在"月"光（天幕上的月亮灯）下她思绪万千，唱了一曲抒情的缓慢的咏叹调：

　　明月当头，
　　寒光照河面，
　　……

郭兰英为这段唱腔设计了一些舞蹈身段，在唱"明——月——"二字时，随着拖腔，一个左云手插步转身，双手指向天幕上的"月亮",十分优美。但这次演出,当她回头欲上指时,却发现天幕上黯然无光(灯光出了问题)。那晚的演出是在露天广场,适逢阴历月中,一轮皓月当空。郭兰英确有过人的才华与应变能力,只见她前一个动作未停,接连一个右云手回身,在唱"当头"二字时,她用手指向天空中的月亮。这可真是"艺高人胆大"![1]

上述例子,不但说明郭兰英具有非同一般的艺术才华和舞台经验,也说明其有高度的敬业精神和对艺术一丝不苟的精神。她不愿在舞台上损害她所表演的人物,更不愿以虚假的表演去敷衍观众,她的"艺德"可与她的才华相比。

---

[1] 《中国歌剧史》编委会主编. 中国歌剧史(1920—2000):上册[M]. 北京:文化艺术出版社,2012:501—502.

附：演唱谱例

我 等 着 你

(民族歌剧《红霞》选曲)

石 汉 词
张 锐 曲

1=G 2/4 3/4

中速

(6666 766 | 5566 305 | 2356 3216 | 2356 306 |

23565 3) | 6676 36 | 676 53· | 6666 52 |
　　　　　　 没有给 你　做双鞋，没有给你烧碗

5 6 i 3 | 3 — | 33 2 335 | 6 5 16· |
汤，　　　　　　 你把这千粮　带身上。

6 — | 55#45 5 23 2 | 112 3 i | 67 6 5 |
　　　 你去抗日上战 场，我在家 乡

3/4 6543 #12 — | 2/4 2123 5·3 | 2527 656 | 7767 2 |
把你来 等，　　我等着你，红军多多打胜仗；我等着你，

2·327 651 | 3/4 5535 56 — | 2/4 7·5 66 | 3/4 5i 653 3 |
快把敌人消灭光；我等着你，　高举红旗 回家乡；

2/4 66 56 | 2 7· | 7 — | 6 2 |
我等着 你，　　　　一　生

7 7 | 5 — 5· 3 | 5 6 2 i |
一 世 我　　　　不 变

6 5 | i 6 — | 6 — ‖
心。

九　告别演出音乐会

1981年3月12日，在首都天桥剧场举办了一场"郭兰英歌剧片段晚会"，实际上这是她投身于民族歌剧事业三十多年后的一场告别演出。

在晚会上，她以饱满的情感、醇厚的富有韵味的演唱、"手眼身法步"到位的精彩表演，再一次塑造了《小二黑结婚》中勇敢地冲破封建婚姻藩篱的于小芹、《刘胡兰》中性格刚毅的女英雄刘胡兰、《白毛女》中受地主黄世仁迫害而怀着"恨似高山仇似海"的刻骨铭心的愤怒来报仇的喜儿，以及《窦娥冤》中被冤杀的窦娥，博得全场观众的一致好评，人们纷纷用掌声向这位从旧戏曲走向新歌剧的先行者致敬。

○○郭兰英歌剧片段晚会节目单

善于反映现实生活的、富于战斗力的新歌剧，启发和吸引了兰英同志，使她毅然投身于新的行列；她的投身其中，也使具有悠久历史传统的戏曲艺术的高度成就，在唱功和做功两个方面，融化到新歌剧中来了。[1]

——乔羽

---

[1] 乔羽在《郭兰英歌剧片段晚会·节目单》"寄语观众"中所写。

○○1981年，观众参观"郭兰英歌剧片段晚会"相关展览

这次演出有一个很好的创意，是由中央美术学院教授杨先让提议并发起的。中场休息时，观众纷纷涌向前台来，欣赏缓缓落下来的舞台第一根吊杆上悬挂的由在京美术界大家为郭兰英所绘的画作——李苦禅的《兰为王者香》、黄胄的《老驴和小驴》、萧淑芳的《多彩》、刘勃舒的《奔马》等。

有关单位对此次演出非常重视。会后，1981年3月21日，中国戏剧家协会的《戏剧报》编辑部召开了"郭兰英表演艺术研究座谈会"，与会专家作了热情洋溢的发言。

会上，导演前民说："今年复排《白毛女》时，她（郭兰英）不仅在声音上提高了一个调门，而且在表演上能够出新。"

> 三十八年来，郭兰英对我国的民族新歌剧的建设做出了卓著的贡献，她是我们民族新歌剧的一杆大旗。
>
> ——前民[1]

作曲家陈紫说："郭兰英的艺术成就很高，影响很广，从我们的周总理一直到普通群众都很熟悉郭兰英同志。郭兰英是我们歌剧界的一个天才的演员。"他接着说，"她的经历，她的艺术道路"，"对许多年轻的同志来说有很大教育意义"。

---

[1] 坚持民族化　发展新歌剧——郭兰英表演艺术研究座谈会纪要[J].戏剧报，1984（05）：11.

○○著名画家李苦禅为郭兰英赠画《兰为王者香》　　○○著名画家刘勃舒为郭兰英赠画《奔马》

○○著名画家黄胄为郭兰英赠画《老驴和小驴》

○○著名画家萧淑芳为郭兰英赠画《多彩》

> 我认为对郭兰英的表演艺术，要从两个方面去研究：一个方面是没有新文艺，没有延安文艺座谈会以后的新歌剧，就不会产生郭兰英；另一个方面是，如果郭兰英没有很深厚的传统戏曲的功底，也不会产生她的表演艺术。二者缺一不可。[1]
>
> ——陈紫

> 歌剧表演艺术家张越男说："一般情况下，她的演唱就象说话似的自然、朴实，每一个字都能沁入到观众的心里去；而在演唱需要激情的时候，她又能充分给予观众声音上的满足。听她的演唱，看她的演出，确实是一种极大的艺术享受。"[2]

> 就她（郭兰英）的演唱艺术来讲，她的吐字、行腔能够做到刚柔相济。[3]
>
> ——张越男

> 导演侣朋说："她是从生活出发，从人物出发来进行艺术创作……郭兰英一直没有脱离我国戏曲和民歌传统艺术的土壤，一直坚持走民族化的道路。我们应坚持郭兰英的道路……中国的郭兰英的产生，既是由于她的努力，也是许多人同她进行艺术合作的结果：因为歌剧是一种综合艺术，任何优秀演员都不能

---

[1] 坚持民族化 发展新歌剧——郭兰英表演艺术研究座谈会纪要[J].戏剧报，1984（05）：11—12.
[2] 坚持民族化 发展新歌剧——郭兰英表演艺术研究座谈会纪要[J].戏剧报，1984（05）：12.
[3] 同上。

○○郭兰英在学习

离开集体独自完成艺术创造任务。郭兰英的长处就是她能与其他合作者进行很好的合作。

"郭兰英的表演艺术有以下两个特点：第一，由于她自己的生活经历，由于她对人民特别是对农村妇女的思想情感有深刻的理解和体验，因此她在把握人物的气质、性格、情绪和舞台艺术的感觉上，具有准确性、连贯性、完整性和分寸感。第二，她在处理人物的神态、造型、动作、韵律、节奏上，能做到和剧情、音乐的有机统一。她始终在戏中，在音乐的节奏之中，而且全身有戏，有很大吸引力。"[1]

她（郭兰英）赋予了她所塑造的人物以革命的激情和内涵深厚的生活内容。正是这些感动了观众。[2]

——侣朋

---

1 坚持民族化　发展新歌剧——郭兰英表演艺术研究座谈会纪要[J].戏剧报，1984（05）：12—13.
2 坚持民族化　发展新歌剧——郭兰英表演艺术研究座谈会纪要[J].戏剧报，1984（05）：12.

○○著名诗人、文化部原代部长贺敬之为郭兰英题字

郭兰英的学生李元华说："对兰英老师表演艺术经验的总结，不仅仅是对她个人的重视，也是对整个歌剧事业的重视。对我们中青年演员来说，她的经验能使我们更加坚定地走歌剧革命化、民族化、群众化道路的决心；也能使我们更加明确要繁荣歌剧事业必须继承和发展我们民族歌剧、民族声乐的优良传统。"她还说，"我觉得每一代人都应起到他们承上启下的作用，歌剧事业不能在我们这一代人身上衰亡了。"[1]

著名诗人艾青说："郭兰英是我们的真正的艺术家。全国解放前，我在张家口看过她演出的《秦香莲》，唱腔优美，吐字清楚，情感充沛……郭兰英演新歌剧《白毛女》，演的和唱的都很好……郭兰英的产生不是偶然的，

---

1 坚持民族化 发展新歌剧——郭兰英表演艺术研究座谈会纪要[J].戏剧报，1984（05）：13.

是历史的产物。

"郭兰英的歌声很悦耳动听,我很喜欢听她的演唱,我还曾写过一首《我爱她的歌声》的诗赞扬她。"[1]

长年同郭兰英合作的导演于夫说:"郭兰英的歌剧演唱艺术有这样一个特点:她是用心灵进行创造。"[2]

> 不管是悲的还是喜的,是激昂的还是柔婉的……她(郭兰英)都把自己的思想、感情融化到了演唱之中,而且唱出了不同的味道。[3]
>
> ——于夫

艺术家李波自1949年赴布达佩斯参加世界青年联欢节与郭兰英相识后,二人一直在歌剧院合作、共事多年,她曾做过郭兰英的领导,她像老大姐一样关心郭兰英的表演事业。李波说:"我曾有过这样的心情:象郭兰英这么好的演员,应该怎么继续发挥她的才干?我曾给文化部的领导同志写过一封信说,不能让兰英同志就这么'自生自灭了'。"[4]

最后,《戏剧报》主编游默总结说:"郭兰英是我们民族自己的歌唱家,是国内外知名的歌剧表演艺术家。我们戏剧界为有这样一位受到人民热爱的艺术家而自豪。为了新歌剧的振兴,我们要充分评价郭兰英在我国新歌剧发展历史上的成就和贡献,更要重视和总结她

---

[1] 坚持民族化 发展新歌剧——郭兰英表演艺术研究座谈会纪要[J].戏剧报,1984(05):63.
[2] 坚持民族化 发展新歌剧——郭兰英表演艺术研究座谈会纪要[J].戏剧报,1984(05):13.
[3] 同上。
[4] 同上。

○○郭兰英在五十一岁时仍坚持练功

在演唱和表演方面的丰富经验。"[1]

2017年，郭兰英在中国民族歌剧创作座谈会上发言，谈了自己歌剧表演的经验以及歌剧演唱表演的技巧。她认为，民族歌剧的发展，离不开中国戏曲、民歌等传统声乐艺术的这方沃土。她的话，值得中国民族歌剧后来人认真思考。

郭兰英：歌剧演员要做一个有心人，一方面留意观察生活中的细节，另一方面努力从中国传统声乐艺术中汲取养分，还要学习西洋美声唱法的长处，综合到自己的舞台表演中。[2]

---

[1] 坚持民族化　发展新歌剧——郭兰英表演艺术研究座谈会纪要[J].戏剧报，1984（05）：63.
[2] 摘自郭兰英在2017年举办的中国民族歌剧创作座谈会上的发言。

女高音歌唱家郭兰英

○○ 20世纪70年代的郭兰英

一　讴歌时代，服务工农兵

国画大师李苦禅曾为郭兰英画过一幅墨兰，题为《兰为王者香》。郭兰英为这个题目加了一句话"吾为人民唱"，这既是她的自勉，也不啻为她一生的写照。

郭兰英从艺八十多年来，为人民演唱了不少脍炙人口的戏曲、歌曲、歌剧和电影插曲，其中很多在民间至今传唱不衰，火了一阵儿又一阵儿，粉丝遍及不同年龄层。从这一意义上讲，歌唱艺术领域中，几乎无出其右者。

郭兰英的歌唱，听罢总会激荡人心，令人着迷，她所

○○20世纪70年代，郭兰英在演唱民歌

○○著名作曲家李焕之为郭兰英题字　　　　　　　　　　　　○○著名作曲家、中国音乐家协会原主席吕骥为郭兰英题字

○○20世纪50年代初，（左起）郭兰英、华松如、王昆、王雅琪演唱俄罗斯民歌《田野静悄悄》

○○20世纪50年代，郭兰英在街头为群众演唱

演唱的一首首曲目，后来都成了足以标记一段段历史的经典作品，将她唱过的歌曲串联起来甚至就是一部新中国的"有声历史"。这是为什么？一言以蔽之，是因为她有一颗永远为人民歌唱的初心，心系人民、讴歌时代是她一直不变的信念和热情；可以这样说，她的歌声所体现的就是她的"不忘初心、牢记使命"。

郭兰英对每一首歌都是抱以认真的态度，她所演唱的每首歌都饱含着她浓浓的情感。她的演唱兼蓄神、情、形、声、腔、字六艺之美，连歌唱家李光曦也曾向郭兰英讨教具体的演唱秘诀。

郭兰英：只要进入歌唱状态，就要一股脑儿地去表现，感情、咬字、身段和唱词都达到最好才是成品，卖弄声音只是半成品。

○○ 郭兰英在福建慰问演出

○○ 郭兰英在鞍山钢铁公司慰问演出

○○ 郭兰英在密云水库工地为工人演唱

○○ 郭兰英来到福建沿海岛屿炮兵阵地，慰问广大官兵

女高音歌唱家郭兰英

○○郭兰英在北京劳动人民文化宫为群众演出

○○郭兰英在西安街头为群众演唱

女高音歌唱家郭兰英

○○郭兰英在西安机场演出

○○郭兰英为工人演唱

○○郭兰英参加广西壮族自治区成立二十周年庆祝演出

○○郭兰英在庆祝中华人民共和国成立二十九周年集会上演唱

○○郭兰英为农民演唱

女高音歌唱家郭兰英

○○ 郭兰英随中国歌剧舞剧院赴广西前线解放军某坦克部队演出

○○ 郭兰英为抗震救灾代表演出

二 文化使者，赢得荣誉

1949年夏，新中国成立前夕，二十岁的郭兰英被委以重任，要随李伯钊同志为团长的中国青年文工团，奔赴匈牙利的首都布达佩斯，参加第二届世界青年联欢节。因为要在世界舞台上独唱，郭兰英担心自己会怯台。

周恩来总理的一句话鼓舞了她："你在前边唱，有四亿五千万人民给你做后盾，所以你就不要怕了。"听了这话，郭兰英顿觉有了勇气。在多瑙河畔，面对来自五大洲不同肤色的多国男女青年，郭兰英放开喉咙演唱了由阮章竞依照山西民歌曲调填词而成的《妇女自由歌》，那曲调来自早在她牙牙学语时便听惯了的祁太秧歌和交城民歌。凭借此曲，郭兰英荣获了三等奖。中

○○1949年，郭兰英访问东欧

○○1949年，中国青年文工团赴匈牙利参加第二届世界青年联欢节。图为代表团途经莫斯科时在红场留影（前排左九为郭兰英）

女高音歌唱家郭兰英

○○1949年,中国青年文工团赴匈牙利参加第二届世界青年联欢节,在布达佩斯广场上表演《胜利腰鼓》后合影(前排右四为郭兰英)

○○1949年,中国青年文工团赴匈牙利参加第二届世界青年联欢节时表演合唱(第二排左一为郭兰英,指挥为李焕之)

○○中国青年文工团全体同志在莫斯科克里姆林宫合影留念

○○中国青年文工团在布达佩斯演出期间，郭兰英（前排左二）、团长李伯钊（前排右一）与国际友人在一起

○○1949年，郭兰英（右）在第二届世界青年联欢节上演唱《妇女自由歌》，荣获三等奖。图为郭兰英与获奖的李波（左）、叶扬（中）合影

○○1949年，中国青年文工团抵达布达佩斯时受到匈牙利人民的热烈欢迎（前排左三为郭兰英，左二为团长李伯钊）

○○1949年，郭兰英（前排左一）随同中国青年文工团在莫斯科留影

○○1949年，郭兰英灌制了第一张唱片《妇女自由歌》

女高音歌唱家郭兰英

国的两个舞蹈节目《大秧歌舞》和《胜利腰鼓》获得了一等奖。郭兰英在《胜利腰鼓》中是拍镲演员，当然一等奖也有她的份儿。这是郭兰英为祖国的开国大典献上的一份厚礼。

阮章竞，生于1914年，广东省中山象角乡人，曾用名洪荒、啸秋，著名诗人。抗战胜利后，他曾在晋东南工作，任太行文联戏剧部部长。他据参加土改的体验，创作了大型歌剧《赤叶河》，这成为新歌剧运动中的一个亮点。中华人民共和国成立后，他在任中共中央华北局宣传部文艺处处长期间，创作过四幕话剧《在时代的列车上》。

郭兰英以文化使者的身份访问过二十多个国家，她以精湛的民族艺术为祖国赢得了荣誉，为中外文化交流作出了贡献。

中华人民共和国成立后的1951年，郭兰英再次随由周巍峙任团长的"中国青年文工团"赴民主德国首都柏林参加第三届世界青年联欢节。文工团由包括作曲家郑律成、曹火星、舒模、张鲁，戏剧家欧阳山尊、刘莲池、侣朋等在内的从全国各地调来的文艺工作者二百八十多人组成。文工团带去了中国的戏曲艺术（如京剧）、各民族的民间歌舞、历史悠久的杂技和现代艺术——民族歌剧《白毛女》，以及气势磅礴、堪称"民族魂"的《黄河大合唱》等。

从1951年8月至1952年10月，文工团在苏联、民主德国、捷克斯洛伐克、波兰、罗马尼亚、保加利亚、匈牙利及奥地利等八国首都和各大名城——莫斯科、列宁格勒、基辅、明斯克、新西伯利亚，柏林、莱比锡、威马、德莱斯顿、罗斯托克，布拉格、贝尔诺、布拉迪斯拉伐，华沙、波兹南、卢布林、格旦斯克，布加勒斯特、加拉兹、雅西，索菲亚、普罗克迪夫，布达佩斯，维也纳等，进

○○阮章竞

○○周巍峙

○○1951年，郭兰英赴民主德国参加第三届世界青年联欢节。图为郭兰英与外国友人在一起

行了友好巡回演出。文工团每到一处，都有盛大的群众欢迎会，在贵客云集的宴会上有关和平、友谊的歌声不断；同行间的学术交流会、讨论会更是热情四溢、妙语连珠。

这次出国，民族歌剧《白毛女》的排导、演出阵营是空前强大的：喜儿由王昆、郭兰英饰演，黄世仁由陈强饰演，黄母由李波饰演，杨白劳由张守维饰演，大婶由邱力饰演，张二婶由韩冰饰演，大春由令欣饰演，大锁由刘敬贤饰演，指挥王森林，导演舒强。

为了和平、友谊，为了文化交流，走出国门的郭兰英肩负起神圣使命，秉持传播中国文化的理念，她竭尽全力地认真地演出了每一场戏。

《白毛女》无论在哪个国家、哪座城市、哪个剧场演出，都是座无虚席；从国家元首到专家学者，从艺术界精英到工人农民，无不对中国艺术家们的精湛表演报以热烈的掌声。每场结束时，郭兰英都要在热烈的掌声中多次出场谢幕，并接受热情观众捧上的花束。

《白毛女》产生的轰动效果不是偶然的。欧洲是意大利式歌剧的领地。几百年来，人们看惯了那种"最高级的舞台综合艺术"。欧洲歌剧关注的多为天上神灵、人间贵

○○1953年夏，郭兰英随中国妇女代表团赴意大利、丹麦、南斯拉夫访问时和孩子们合影

族，多为花仙、女妖之类；而中国的民族歌剧《白毛女》从内容到形态，对他们来说都是全新的。《白毛女》的主题思想是通过具体的人物及其命运反映出来的——喜儿受地主黄世仁的迫害而过着非人的生活，八路军来后她得到了解放——观众从中真正感受到中国共产党是为受压迫人民求解放的，因而对"旧社会把人变成鬼，新社会把鬼变成人"这一结论是信服的。郭兰英那富有东方情趣、东方神韵的音调，那美妙的银铃般的歌声，那源于生活又高于生活的演技，令观众陶醉。

欧洲歌剧重唱，而"我国传统表演艺术和西洋演剧最大区别之一是，在舞台艺术的整体中，我们把表演提到至高无上的地位"[1]。

民族歌剧《白毛女》的成功演出，给世界戏剧以积极影响，为促进国际文化交流作出了贡献。

"中国青年文工团"做巡回演出的国家都有着光辉的文化传统，诞生过歌德、贝多芬、莫扎特、普希金、托尔斯泰、格林卡、柴可夫斯基、裴多菲、肖邦、李斯特、斯

---

[1] 焦菊隐.焦菊隐戏剧散论[M].北京：中国戏剧出版社，2015：110.

美塔那、德沃夏克等艺术大师。在演出期间，郭兰英也观赏了大量的欧洲歌剧、芭蕾舞剧、交响乐、室内乐以及民间歌舞；在各国美术馆、博物馆里，她流连忘返。她认识到，世界是广袤的，艺术事业是令人神往的但又是艰辛的。

欧洲歌剧历史悠久，16世纪末起源于意大利的佛罗伦萨，17世纪中叶传入法国，不久，英国、德国、奥地利及俄罗斯起而效之。18至19世纪，歌剧成为风行欧洲的舞台演出艺术，其发展也到达了高峰期；然而，也就是从那时起，歌剧艺术开始"凝固"了。到20世纪，在欧美各国经常上演的也就那么数十部歌剧。郭兰英在这次文化交流中看过的歌剧有《茶花女》《魔笛》《塞维利亚理发师》《阿衣达》《被出卖的新嫁娘》《鲍里斯·戈登诺夫》《波西米亚人》《卡门》《唐璜》《自由射手》《蝴蝶夫人》《伊凡·苏萨宁》《奥赛罗》《弄臣》等，芭蕾舞剧有《天鹅湖》《睡美人》《巴黎圣母院》《罗密欧与朱丽叶》《泪泉》等。中国有句话叫"行万里路，读万卷书"，这次的"行万里路"，使郭兰英大开眼界。

1981年3月12日，新华社对郭兰英的表演艺术有个评价："郭兰英是我国新歌剧主要代表人物。——《白毛女》是新歌剧的经典性作品。我国的新歌剧正是由于《白毛女》的出现而在群众中扎下深根的。……郭兰英以精湛的演技和富有特色的唱腔，成功地表现了受尽苦难的喜儿要活、要报仇的坚强性格。郭兰英的三十多年的艺术生涯，同新歌剧这一新兴的革命艺术事业紧密相连。她把我国传统戏曲艺术的唱功和做功融化到一系列的新歌剧中，为新歌剧艺术的发展作出了贡献。"

2020年，居其宏先生在《民族歌剧表演范式的奠基人与播火者——歌剧美学视野中的人民艺术家郭兰英》一文中称："在百年中国歌剧史上，民族歌剧是其中华夏特色

○○1980年，郭兰英赴日本访问演出

○○郭兰英与日本民间艺术代表团团长真山美保女士干杯，祝中日人民友谊万古长青

最为鲜明、民族风格最为浓烈，因而也最被亿万观众接受和喜爱的歌剧品种；由郭兰英等所奠基、经几代歌剧表演艺术家共同建构的民族歌剧表演艺术范式，是我国歌剧家对于世界歌剧表演艺术的一大贡献。""同所有的歌剧一样，民族歌剧表演艺术包含声乐艺术和戏剧表演艺术两大部分，但与欧美歌剧、中国正歌剧大多倚重歌唱而忽视表演不同，民族歌剧认为这两者同等重要，都是歌剧演员必备之综合性表演素养和技能"。"民族歌剧的声乐艺术，一般以民族唱法为主，同时吸收美声唱法的科学成分，以增强歌唱的穿透力和戏剧性张力。即便用其他唱法，也必须自觉向民间歌手和戏曲演员学习，切实掌握歌唱中吐字、声韵、润腔等复杂技巧，以彰显作品中浓烈的民族风格和中国气韵。""民族歌剧的戏剧表演，自觉向戏曲表演的写意美学和虚拟表演学习，切实掌握'四功五法'技巧，并根据作品内容需要和社会审美情趣的变化，吸纳写实美学和生活化表演的有益经验，以塑造具有时代气息和生活质感的歌剧形象。""民族歌剧十分强调演员与所演

角色在外在形象和精神气质上的一致性，以求得舞台上演员与人物、视觉形象与听觉形象的高度契合，力避因两者的疏离而令观众产生审美障碍。""作为这个（指民族歌剧）表演范式的奠基人和播火者，郭兰英居功至伟，无人可及。"[1]郭兰英的演唱实践可证明此言不虚。

1　居其宏.民族歌剧表演范式的奠基人与播火者——歌剧美学视野中的人民艺术家郭兰英[J].人民音乐，2020（05）：4—11.

附：演唱谱例

妇女自由歌

1 = G 4/4 2/4

山西民歌
阮章竞 词

慢
(7 23 2 ↑4·6 5 4 3 | 5 2 3 2 5 7·3 2 1 | 7 6 5 6 1 5 -)|

‖: 3·6 5 4 3 ²#1 2· 3 | 5·6 5 2 1 7 6 | 3·6 5 5 7 2 1 7 6 |
旧 社 会 好 比 是 黑格洞洞的 苦 井

2 3 2 6 5 - | 7 23 2 3·6 5 4 3 | 5 2 3 2 5 7·3 2 1 |
万 丈 深， 井底下压着咱们 老 百 姓，

7 6 6 5 6 1 5 - (0 6 | 7 6 5 6 1 5 -) 3·6 5 4 3 5 2 3 |
妇女在最底 层。 看不见那 太 阳

5·6 5 2 1 7 6 | 3·6 5 7 2 1 7 6 | 2·3 2 7 6 5 - |
看不见 天， 数不清的日月 数不清的 年，

7 2·3 2·2 3·6 5 4 3 | 5 2 3 2 5 7·3 2 1 | 7 6 5 6 1 5 - (0 6 |
做不完的牛 马 受不尽的 苦， 谁来搭 救 咱？

7·6 5 6 1 5 -)‖: 2/4 5 4 3 | 6 4 3 2 | 5 2 3 5 |
多 少 年 来 多 少
共 产 党、 毛 泽

5 1 7 6 | 5 7 2 3 | 2 1 7 6 | 5 6 2 1 | 5 - |
代， 盼的那个 铁 树 把 花 开。
东， ‖: 他领导咱 全 中 国 (5 5 6)
走 向 光 明。

稍快
(5 7 2 3 | 2 1 7 6 | 5 6 2 1 | 5 -) :‖: 3 5 2 |
中 国
从 前 的

| 3 5 2 | 5 2 1 | 7 6 5 | 3·5 2 3 | 5·6 5 4 |

人　民　大　解　放，　受苦的　老百姓
妇女　关进　阎王　殿，　今天　打断了

| 3 2 3 2 7 6 | 5 - | 1 6 5 | 2 2 3 | 5 2 1 |

见了　太　阳。　土地　改革　闹翻
铁锁　链。　妇女都　成了　自由的

| 7 6 5 | 3·5 2 3 | 5·6 5 4 | 3 2 3 2 5 | 1·2 7 6 |

身，　砸开了　封建的　老铁门（哪嗯唉
人，　国家　大事　咱也能　管（哪嗯唉

| 5 - | (5·5 2 1 | 7 6 5) | 3·5 2 3 | 5·6 5 4 |

哟），　　　　　　砸开了　封建的
哟），　　　　　　国家　大事

| 3 2 3 2 5 | 1·2 7 6 | 5 - | (3·5 2 3 | 5·6 5 4 |

老铁门（哪嗯唉　哟）。
咱也能管（哪嗯唉　哟）。

| 3 2 3 2 5 | 1·2 7 6 | 5 -) :‖

转 1 = D （前5 = 后1）

| 6 1 5 | 6 1 5 | 1·2 1 7 | 2·7 6 5 | 0 1 7 6 |

翻身　不能　翻一　半来（咳咳），　彻底

| 2 3 5 6 | 5 3 2 1 | 5 - | 2·2 7 6 | 5 2 5 |

解放　闹生　产，　铲除　老蒋反动派，

| 5 2 5 4 | 5 6 5 | 5 2 5 4 | 5 6 5 | 2 7 6 5 4 |

前方　后方　一齐干，努力生产　莫偷闲，个个都要

| 5 6 5 | 2·2 7 6 | 5 2 5 5 | 5 1 7 1 | 5 1 3 |

加油干，（咳咳哼咳）建设咱们　新的中国　万　万

| 2 1 5 | 2·2 7 6 | 5 2 5 5 | 5 1 7 1 | 2 1 7 6 |

年，（咳咳哼咳）建设咱们　新的中国　万　万

| 1 - | 1 0 ‖

年！

三 总理纠偏指航向

20世纪50年代初，我国声乐领域出现了洋嗓子、土嗓子的"土洋之争"。洋嗓子被责备为吐字不清，"捂着肚子死唱"，老百姓不喜欢；土嗓子被指责为"发声不科学"，不是唱而是喊——喊嗓子不能持久。这种争论迅速扩散到了音乐艺术的各个领域。当时，在中央实验歌剧院工作的郭兰英也被这个问题困扰着。有的同事对她说："兰英，你那土嗓子吃不开喽。"郭兰英听了，有点想不通："只要我的唱法老百姓喜欢就行。"

谁知一天，院部的领导竟然一本正经地跟她谈话，要她学习西洋唱法；否则的话，就不给"饭"吃了。郭兰英听了，一筹莫展。

1953年，在中华全国音乐工作者协会全委扩大会议结束后的招待会上，郭兰英见到了周恩来总理，便倾诉了自己的困惑与苦恼。周总理听了哈哈大笑，说："院里不给你饭吃，你来中南海吃嘛，我管你饭。"接着，他拉着郭兰英走到中央实验歌剧院领导面前，说："兰英同志的唱法，已经在广大群众中很有影响了，我看还是让她按照自己的路子发展下去吧，不要硬叫她改弦易张，学西洋的了。你看怎样？"

此后，郭兰英这艘艺海帆船便乘风破浪，逐渐驶向了创造我国民族声乐体系的彼岸。

四　歌声发自内心来

　　1956年，由长春电影制片厂制作的电影《上甘岭》完成了全部镜头的拍摄，只待插曲完成录制工作。当时，剧组邀请了国内多名歌唱家试唱，但效果皆不能令人满意。

　　此插曲《我的祖国》由乔羽作词，刘炽作曲。乔羽向导演沙蒙推荐由二十七岁的郭兰英来演唱。没想到郭兰英到场一唱，全场叫好，录制工作很顺利地完成了。

○○郭兰英在音乐会上演唱

电影尚未公映，中央人民广播电台便播出了这首歌，这首歌立马红遍了全国。随着电波，郭兰英的名字与歌声响彻了大江南北，因为她唱出了中华儿女歌颂自己"美丽、英雄、强大"祖国的心声，这首歌也成为触动每一个中国人的"生命之歌"。不久前，在一个网络问答社区上，有人提了这样一个问题："新中国成立七十年来，有没有一首歌让你听了就热泪盈眶？"近一万五千个回答中，排名第一的是《我的祖国》。

郭兰英演唱这首歌时饱含着爱国热情。她说，在这首歌中有她最喜欢的一段歌词：

> 好山好水好地方，条条大路都宽畅；朋友来了有好酒，若是那豺狼来了，迎接它的有猎枪。

令人敬佩的是，当人们向郭兰英表达对这首歌的喜爱之情时，郭兰英将这首歌的成功归功于词曲作者。她说："大家都喜欢这首歌，主要是词作者乔羽、曲作者刘炽他们写得好。"

郭兰英：《我的祖国》完全代表了我的内心，没有祖国就没有我郭兰英。

1959年，电影《我们村里的年轻人》续集的插曲《人说山西好风光》（乔羽作词，张棣昌作曲）又请郭兰英演唱，此歌后来也同样是风靡全国。

附：演唱谱例

我 的 祖 国

（电影《上甘岭》插曲）

1=F 4/4 2/4

乔羽 词
刘炽 曲

稍慢 优美、亲切地

(3 35 6 6i | 2 3i 2 - | 23 56 72 67 | 5 - - -)

mf
1 2 6 5 5· 6 | 3 5 i 76 5 - | 5 6 5 3 2 3 |
1.一条大 河　　波浪 宽，风吹稻花

(6̱5 -)
2.姑娘好 像　　花一 样，小伙儿心 胸
3.好山好 水　　好地 方，条条大 路

5 3 6 1 2 - | 2 5 3 1 6̱ 5̱6̱ | 2 6 5̱6̱ 3· 2 |
香　两 岸；我家就 在 　岸 上 住，
多　宽 广；为了开 辟 　新 天 地，
都　宽 畅；朋友来 了 　有 好 酒，

1 2 2 3 5 5 i 76 5 | 5 6̱ 1 2 4· 6 6 | 5 6 3 2 1 - ‖ 2/4
听惯了艄公的号　子，看惯了船上的白　　帆。

(5̱5̱6̱)　　(4̱2̱4̱)
唤醒了沉睡的高　山，让那河流改　变了模　　样。
若是那豺狼来　了，迎接它的有　　猎　　枪。

5 5 | 4/4 i - 2· i | 6 i 5 76 - | 5 3 i 6·6 |

5 5 | 4/4 3 - 5· 5̱ | 3 - 4 - | 3 3 4·3 |
这是　美丽的祖　国，是我生长的
这是　英雄的祖　国，是我生长的
这是　强大的祖　国，是我生长的

5 5 | 4/4 5 - 7· 7̱ | 6 5 {i - | 7 7 i i·i
                                 {4 - | 5 5 6 6·6

5 5 | 4/4 5 - 5· 5̱ | 1 - 4 - | 5̱ 5̱ 6̱ 6̱·6̱ |

女高音歌唱家郭兰英

为人民歌唱 郭兰英画传

202

```
5 6̣ 1 2 3 - | 3 3̲5̲ 6 6 1̇ | 2̇ 3̣̇1̇ 2̇· 1̇ |
2 6̣ 6̣7̣ 1 - | 1 1 1 {4 4̲5̲ 6 / 1 1̲2̲ 4} 6 5·6 |
```

地　　方，在这片 辽阔的 土 地 上，
地　　方，在这片 古老的 土 地 上，
地　　方，在这片 温暖的 土 地 上，

```
        p
7̣ 3 6 - | 6·̲ 5̲ 4·̲ 5̲ | 6 - 7̲·7̲ 7̲6̲ |
5̣ 3 6 - | 3 - 1 - | 2 1̲2̲ 5·̲ 5̲ 5̲6̲ |
```

　啊！　　　　　　　 土 地 上，
　啊！　　　　　　　 土 地 上，
　啊！　　　　　　　 土 地 上，

```
           p
5̣ 1 6 - | 6·̲ 5̲ 4·̲ 5̲ | 4̣ 6̣ 5̣·5̣ 5̣6̣ |
```

1. 2.

```
ff
2̲·3̲ 5̲ 6̲ 7̲ 2̇2̇ 6̲ 7̲ | 5 - - - :||
ff
5 3 2 3 {4 5̲5̲ 4̲3̲ / 4̲3̲ 3̲2̲ 3}  | 2 / 7̣ - - - :||
```

到　处都有 明媚的风　　光。
到　处都有 青春的力　　量。

```
ff
5̲5̲ 5̲3̲ 2̲5̲5̲ 6̲2̇ | 7 - - - :||
5̲5̲ 5̲3̲ 2̲5̲5̲ 6̲2̲ | 5 - - - :||
ff
7̣ 7̣ 7̣ 1 {2̲ 7̣7̣ 1̲6̣ / 2̲2̣2̣ 2̣} | 5̣ - - - :||
```

到 处 都 有 和 平 的 阳　光。

附：演唱谱例

人说山西好风光

（电影《我们村里的年轻人》续集插曲）

乔 羽 词
张棨昌 曲

1=F 2/4

稍慢 优美、亲切地
mp

| 2 0 5 2̂5̂2̂5̂ | 1 - | 2·3 2̂1̂ 7̂1̂2̂ | 0 6̂ 1̇ 4̂3̂ |

吕　　　　　　梁。　　　　　站在那高　处　望　上

种　　　　　　花。　　　　　人有那态气　　　永　不

| 2·3 ⁶5 | 5· 6 | 1̇ 1̇ 1̇ 6̇1̇53 | 2̂5̂ 2 4 | 5· 1̇ |

一　望，　　　你看那汾河的水呀

老，　　　　你看那白发的婆婆

| 4·4 43 2̂5̂2̂1̂ | 6̂1̂15 56 | 1·5 6̂5̂6̂1̂ | ⁱ5· (6̂1̂ |

哗啦啦地流过　我 的　　 小 村　　旁。

挺 起了腰板　 也 像

| 5·356 1̇276 | 5·1̇43 2 0 5 | 2̂5̂2̂1̂ 7̲·̲ 5̲ | 6̲1̲5̲6̲ 1̲2̲5̲ |

| 6̲·̲ 5̲ 6̂5̂6̂1̂ | ⁱ5· 6̂1̂ | 5 -) :|| 1̇·5 6̂·̂5̂6̂1̂ |

　　　　　　　　　　　　　　　　　　　　　　十　七

| ⁱ5 - | 5 0 ||

八。

五 首开先河办"个唱"

1963年10月22日，郭兰英首开我国民族歌唱家举行个人演唱会的先河，在北京音乐厅举办了"郭兰英独唱音乐会"。这在当时是一件非常新奇的事，因此一票难求。

一个歌唱演员的"个唱"竟吸引了那么多的观众，这充分体现出郭兰英歌唱的价值，说明她早就是歌迷们心目中的偶像，早就是公认的当代最有影响力的女高音歌唱家之一。

这次"个唱"，曲目有"歌曲、戏曲选曲、民歌"与"歌剧选曲"两类。民歌含陕北、山西、东北民歌等，戏曲有山西梆子、河北梆子及河南梆子，歌剧为《小二黑结婚》《窦娥冤》《红珊瑚》及《白毛女》中的咏叹调。

郭兰英原想邀请周恩来总理于第二场或第三场出席——她怕第一场出纰漏，但周总理第一场就来了，而且还邀请了郭沫若和他一起来观看。这是对郭兰英的莫大关怀和支持。

幕间休息时，郭兰英到休息室看望周总理，问总理这样搞行不行。总理指指身旁的郭沫若说："你问郭老吧。"郭老微笑着，双手伸出大拇指。总理鼓励郭兰英进行大胆尝试，并肯定了她为弘扬民族声乐艺术所作出的贡献，还嘱咐她说："要多听听广大观众的反映。"最后，总理关切地说："一个人搞太累，要注意身体。"郭兰英兴奋地说："我一点也不累，请总理放心。我还要到广州去演呢……"总理满意地点了点头。

郭兰英这场独唱音乐会，展示了民族声乐在发展中所取得的高度艺术成就，证明了一种民族声乐流派或体系的确实存在，这为民族声乐演唱及民族歌剧表演体系的构建提供了重要的依据。

这次音乐会后，《光明日报》进行了报导：

> 著名音乐家李焕之在音乐会后对记者说：郭兰英所以受到广大群众欢迎，是因为她在党的长期培养下，努力反映现代人民的斗争生活和现代人民的思想感情，又对运用中国传统演唱艺术下了深厚的功夫。她通过向民族民间演唱家学习，不断扩展演唱领域，使她表演的内容越来越丰富。郭兰英的歌音十分优美动听，因为她善于用刚强、柔和、深沉、甜润、清亮等不同的音色，来表达不同的感情。[1]

中国音协也邀请在京的部分声乐工作者举行了座谈会。从事欧派唱法教学的同志谈道，从郭兰英独唱音乐会"感到民族唱法是很科学的，不然就不可能唱得这么持久，唱那么久声音还是这样新鲜，声音运用得这样好，音色变化这样多、这样细致。她的演唱说明她的基本功底厚，而且这种功底是活的、不是死的"[2]。

吕骥同志在会上谈道，"我还是想向那些在艺术

1　郭兰英举行首次独唱音乐会[N].光明日报，1963-10-25（1）.
2　喜谈郭兰英独唱音乐会[J].人民音乐，1963（12）：17.

○○1963年，"郭兰英独唱音乐会"首开民族声乐独唱音乐会的先河

上走着和郭兰英同志不同的道路的民族独唱演员这样说，郭兰英同志的成功的经验是值得我们重视的。为了增大音量、扩大音域而学习西洋声乐基础，而学习意大利咏叹调，以致毁损了原有的民族风格是不值得的，至少是一条徒劳无功的、学与用不一致的弯路，我们还是向民族声乐艺术，向卓越的民间演唱家去学习吧"[1]。

---

1 喜谈郭兰英独唱音乐会[J].人民音乐，1963（12）：22.

六　总理点名唱《南泥湾》

1964年，为庆祝中华人民共和国成立十五周年，大型音乐舞蹈史诗《东方红》进入了筹备阶段。这是当时文艺界的一桩盛事。

演出的歌曲《南泥湾》创作于1943年，描绘的是延安大生产时期，荒芜的南泥湾被三五九旅等改造成万亩良田的景象。这首歌之前都是由美声唱法演绎的。在《东方红》大联排的时候，周总理提出要用民族唱法重新演唱《南泥湾》，并点名由郭兰英演唱。

当时郭兰英正在国外演出，而距《东方红》公演的时间只有十来天了。郭兰英回忆说："走了一次台之后，第二次就是彩排，第三次就是正式演出了。"

但就是在这短短的十来天时间内，对于舞台上的动作手势，台功深厚的郭兰英还是作出了很多特别的编排。比如，她在表演中走的不是之前的秧歌步，而是戏曲的台步。

《东方红》演出成功后，作为三十四首插曲之一的《南泥湾》便脍炙人口、享誉全国了；而郭兰英，更是成了人人喜爱的歌唱家了。

○○1964年，郭兰英在大型音乐舞蹈史诗《东方红》中演唱《南泥湾》

○○ 1964年，郭兰英在大型音乐舞蹈史诗《东方红》中演唱《南泥湾》

附：演唱谱例

南 泥 湾

1=E 2/4

贺敬之 词
马 可 曲

中速

(5 5 5 6 i | 3·5 3 2 | 1 1 6 1 3 | 2· 3 |

5 5 5 6 i | 3·5 3 2 | 1 1 2 1 2 6 | 5 -)

5 5 5 6 i | 3·2 1 6 | 2 2 2 3 5 | 1·6 5 |

1. 花篮的花儿香，　　　听我来唱一唱，
2. 往年的南泥湾，　　　处处是荒山，
3. 陕北的好江南，　　　鲜花开满山，

1 6 3 | 2 - | 5 5 5 6 i | 3·2 1 6 |

唱一（呀）唱；　　来到了南泥湾，
没（呀）人烟；　　如今的南泥湾，
开（呀）满山；　　学习那南泥湾，

2 2 2 3 5 | 1·6 5 | 2 3 1 6 | 5 - |

南泥湾好地　方　　　好地（呀）方。
与往年不一　般　　　不一（呀）般。
处处（呀）是江　南　　是江（呀）南。

5 5 3 2 2 3 | 5 6 5 3 2 | 1 1 6 5 5 6 | 1 1 6 5 |

好地方来好风光，　好地方来好风光，
如（呀）今的南泥湾，　与（呀）往年不一般；
又战斗来又生产，　三五九旅是模范；

1 1 6 1 3 | 2· 3 | 6 6 5 3 5 | 1 5 0 |

到处是庄稼，　　　遍地是牛羊。
再不是旧模样，是　陕北的好江南。
咱们走向前，　　　鲜花送模范。

|1.2.
(5 6 5 3 2·3 | 1 2 1 6 5 | 1 1 6 1 3 | 2· 3 |

6 6 5 3 5 | 1 5) :‖

|3.
1 1 6 1 3 | 2· 3 |
咱们走向前

6 6 5 3 5 6 i | 5 - ‖
鲜花送模范。

七 唱响《敢教日月换新天》

1976年，郭兰英演唱了反映山西大寨人战天斗地豪迈气概的纪录片《学大寨》中的插曲《敢教日月换新天》。此歌由吕致清作词、巩志伟作曲。

这首歌的特点是，旋律中的切分音特别多，但郭兰英演唱得很到位，感情饱满，节奏稳当，特别受群众欢迎，歌曲很快就传遍了全国。

巩志伟，山西省平遥人，中国人民解放军八一电影制片厂原故事片室一级作曲。在山西昔阳县大寨体验生活后，他创作了《敢教日月换新天》。笔者记得自己还是学生时，当时的学校在组织学生进行课间操时常唱此歌。那时人们去参观大寨，郭凤莲等大寨铁姑娘就会为来宾献上此曲。

○○巩志伟

附：演唱谱例

敢教日月换新天

（纪录片《学大寨》插曲）

吕致清 词
巩志伟 曲

1=G 2/4

不太快 热情、颂扬地

(0 56 1761 | 6543 2357 | 6432 5762 | 1 02 1762 |

5 -) | mf 523 1723 | 1765 3 | f 665 435 |
1. 一道 清 河 水， 一座 虎 头
2. 一朵 红 花 开， 百里 光 闪
3. 一条 阳光 道， 万马 奔 向

2 - | 525 65 | 435 2·3 | 256 736 | 5 - |
山， 大寨（那个）就 在 这 山 下 边；
闪， 陈永贵 是 大 寨 的 好 领 班；
前， 这 就是 大 寨 的 英 雄 汉；

mf
1 12 33 5 | 227 6 | 553 2·7 | 676 3 5 |
七沟 八梁 一面 坡， 层层 梯田 平展 展，
(3·5 2327 6)
铁手 磨光 金锄 把， 汗水 洒满 块块 田，
扁担 挑走 烂石 坡， 镢头 开出 米粮 川，

女高音歌唱家郭兰英

213

f ff (0·2 3567 |

0 5 6 5 6 | 1 7 6 2 | 2 3 5 6 3 3 2 | 1 — |

层层（那个）梯　田　平　展　　　展。

汗水（那个）洒　满　块　块　　　田。

镢头（那个）开　出　米　粮　　　川。

6 3 5 2　1 7 6 5)   (0·7　6 7 6) mf

1　0 | 6 6 5　3 5 0 7 | 6　0 | 1 1 2　3 6 0 5 |

牛羊胖乎乎，　　　新房齐崭

年年新套套，　　　步步夺丰

困难一层层，　　　歌声一串

(0·4　3 4 3)

3　0 | 5·3　5 6 7 | 6·7　6 5 3 | 5·3　2 3 6 5 |

崭，　炕上花被窝，　囤里粮冒

产，　怀惴社员心，　眼向全国

串，　冰天造大坝，　雪地移高

1·7　6 1 2 | 2·3　5 3 5 | 6 3 5 2　1 7 6 | 0 1　7 6 |

尖；　银光满屋喜气多，　社员

看；　依靠贫农掌大印，　永不

山；　哪怕灾害有千万，　敢教

$\underset{\text{梦}}{\overline{5357}}\ \overset{65}{\underset{\text{里}}{\widehat{6}}}\ |\ \underset{\text{也}}{6\cdot}\ \underset{\text{笑}}{\dot{1}}\ \underset{\text{声}}{5\ 2}\ |\ \underset{\text{甜,}}{\overline{5\ 4\ 3}\ 2}\ |\ \underset{\text{也笑}}{2\cdot\ 3\ \overline{2\ \dot{5}\ \dot{6}}}\ |$

褪　色　的　好　党　员，好

日　月　换　新　天，换

1. 2. 3.

$(0\ \underline{5\ 6}\ \underline{\dot{1}\ \dot{7}\ \underline{6}\ \dot{1}})$

$\underset{\text{声}}{\overline{1\ \dot{7}\ \dot{6}}\ 2}\ \underset{\text{甜。}}{\dot{5}}\ |\ \dot{5}\ -\ |\ \overline{6\ 5\ 4\ 3}\ \overline{2\ 3\ 5\ 7}\ |\ \overline{6\ 4\ 3\ 2}\ \overline{5\ 7\ 6\ 2}\ |$

党　　员。

新　　天。

ff 结束句

$\overline{1\ 0\ 2}\ \overline{\dot{1}\ \dot{7}\ \underline{6}\ 2}\ |\ \dot{5}\ -\ )\ \|:\ \underset{}{\dot{5}}\ \underset{\text{换}}{\overline{6\ \underline{5}\ 6}}\ |\ \underset{\text{新}}{\overline{\dot{1}\ \dot{7}\ \dot{6}\ 2}}\ \underset{\text{天。}}{\dot{5}}\ |$

$\dot{5}\ -\ \|$

八 《绣金匾》唱哭全国

1976年1月8日，受人尊敬的中华人民共和国国务院总理周恩来逝世！噩耗传来，犹如晴天霹雳，郭兰英放声大哭，泪雨滂沱，万分悲痛。这对她的打击太大了，因为周总理是她成长道路上的"伯乐"。她马上精心地制作了一个大花圈，在花圈的缎带上写上："敬爱的周总理，文艺战士想念您。"郭兰英和她的战友们一同把花圈献在了天安门广场人民英雄纪念碑前，以寄托对周总理的哀思。她登上纪念碑的石阶，站在花圈旁照了一张照片，这照片一直被她珍藏在身边。

在庆祝粉碎"四人帮"文艺晚会上，"文革"后首次登台的郭兰英演唱了《绣金匾》，她将这首歌的第五段重新填了词，给了它新的解释。早在排练这首歌时，郭兰英

○○在首都庆祝粉碎"四人帮"文艺晚会上，郭兰英演唱《绣金匾》

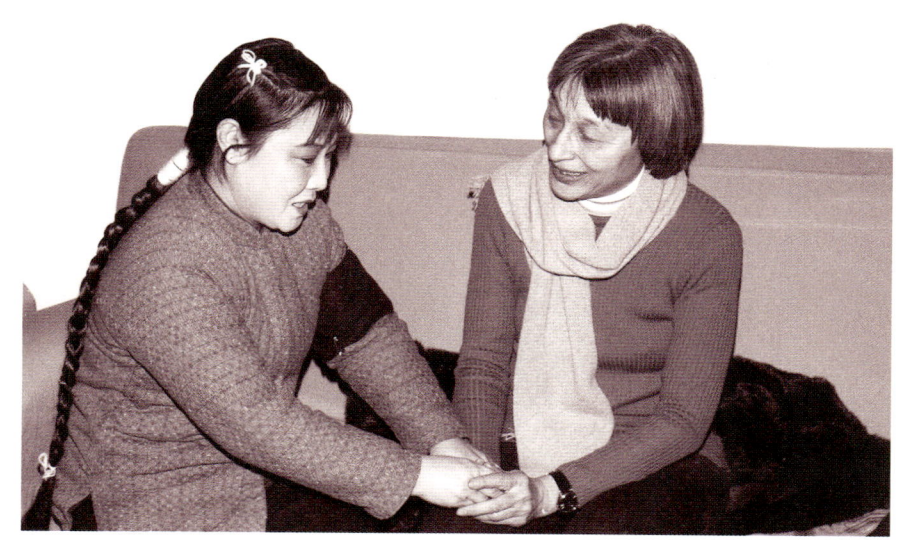

著名作家韩素音观看庆祝粉碎"四人帮"文艺晚会后，同郭兰英亲切交谈

猛然想到：一绣毛主席，二绣朱老总，第三绣应该绣咱们的周总理呀！

等到正式演出时，郭兰英上台前对乐队的演奏员们说："到了第三绣的时候，你们要把节奏慢下来。"

"慢到什么程度呢？"

"能慢到什么程度就慢到什么程度！你们听我唱，听我唱的是什么！"

郭兰英上场了，用她那特有的歌喉深情地一"绣"了毛主席，二"绣"了朱老总，到了第三"绣"，乐队的节奏慢了下来，郭兰英的情感却如爆发的火山、奔腾的江河，她的唱字字啼血："三绣周总理，人民的好总理，鞠躬尽瘁为革命，人民热爱您。"

此时，没有心理准备的乐队演奏员们已经被感染得泪流满面，熟悉的乐曲也奏不下去了。全场一万八千名观众更是在这如泣如诉的演唱中泪如雨下，大家深深地沉浸在对周总理的怀念和追思中……

晚会结束了，观众以热烈的掌声感谢郭兰英用真情的演唱表达出人民对周总理的深切思念。邓颖超大姐与郭兰英紧紧地抱在一起。郭兰英再也抑制不住自己的情绪，任泪水滴落在邓大姐的肩膀上。

"退场后，郭兰英因过度激动而晕倒了，两小时后才在医院的病床上睁开双眼。单位的领导来看望她，给她带来一本用透明塑料纸包裹得很好的《人民画报》。这是一本1960年2月出版的《人民画报》，虽然画报已经有些残破了，它的封面正是郭兰英本人的剧照。画报封面的下部压有一张纸条，上面工整地写有'这是我们人民的歌唱家郭兰英'，背后有落款'鞍山钢铁厂一名工人'，没有姓名。"[1]

---

[1] 邹毅.郭兰英：那份质朴真情让我感动一生[N].人民政协报，2000-3-24（8）.

附：演唱谱例

绣 金 匾

1=C 2/4

陕北民歌

中速稍快

(6 2 5 6 | 2· 1 | 6·1 6 5 | 4· 5 | 6 6 2 |
6 5 4 3 | 2· 5 | 2 —) ‖: 2 1 6 | 2 5 3 |

1. 正 月 里 闹 元
2. 二 月 里 刮 春

2 3 2 | 1 6 1 | 2 3 5 | 3 2 1 7 | 6·5 4 2 |

宵， 金匾 绣 开 了，

(2 2 | 1 6)

风， 金匾 绣 得 红

5 — | 6 2 5 6 | 2· 1 | 6·1 6 5 | 4· 5 |

金匾 绣 咱 毛 主 席，
金匾 上 绣 的 是

6 6 2 | 6 5 4 3 | 2· 5 | 2 — | (6 2 5 6 |

领 导的 主 意 高。
救 星 毛 泽 东。

2· 1 | 6·1 6 5 | 4· 5 | 6 6 2 | 6 5 4 3 |

2· 5 | 2 — :‖ 2 1 6 | 2 5 | 4·5 3 2 |

3. 一 绣 毛 主 席，

(2 5 | 4)

4. 二 绣 总 司 令，

5. 三 绣 周 总 理，

1 6 1 | 2 2 5 | 3 2 1 7 | 6·5 4 2 | 5 — |

人 民 的 好 福 气，
革 命 的 老 英 雄，
人 民 的 好 总 理，

为人民歌唱 郭兰英 画传

220

| 6 2̲ 5̲ 6̲ | 2· 1̇ | 6·̲ 1̲ 6̲ 5̲ | 4· 5̲ | 6 6̲ 2̲̇ |

您 一 心 为 我 们， 我 们

(6 5̲ 6̲)

为 人 民 谋 生 存， 能 过

(6 1̇)

鞠 躬 尽 瘁 为 革 命， 人 民

(2̇ 2̲̇ 1̲̇)

| 6̲ 5̲ 4̲ 3̲ | 2· 5̲ | 2 — | (6 2̲ 5̲ 6̲ | 2· 1̇ |

拥 护 您。
好 光 景。
热 爱 您。

1. 2. 3.

| 6·̲ 1̲ 6̲ 5̲ | 4· 5̲ | 6 6̲ 2̲̇ | 6̲ 5̲ 4̲ 3̲ | 2· 5̲ |

结速句

| 2 — ‖: 6 2̲ 5̲ 6̲ | 2̇ 2̲̇ 1̲̇ | 6·̲ 1̲ 6̲ 5̲ | 4· 5̲ |

鞠 躬 尽 瘁 为 革 命，

| 6 6̲ 2̲̇ | 6̲ 5̲ 4̲ 3̲ | 2̇⌢ — ‖

我 们 热 爱 您。

九　群众围拢也演唱

郭兰英不仅在舞台上为人民放声高歌，在乡下，在那些被群众围拢着的非正式场合，只要群众渴望听到她的歌声，她总是欣然地去满足群众的心愿，唱了一首又一首，从来没有摆过大腕的架子。剧作家、诗人乔羽在《她走到哪里，哪里便成为音乐的节日》一文里说：

> 由于种种机缘，我曾经多次碰上这样的节日。谁能适逢其会，谁就能在那样一种节日气氛之中体会到音乐和人民群众的生活具有一种多么深切的关系。在兰英面前的观众是陶醉在音乐

○○ 郭兰英在为群众演唱《山丹丹开花红艳艳》

1981年5月，郭兰英和乔羽、刘大海等在济南珍珠泉边合影

天地里的观众，无论他们是在流泪还是处在难以抑制的兴奋和喜悦中，他们的呼吸和心的跳动与兰英歌声的旋律和节拍是一致的。在观众面前的兰英，我以为比她在任何际遇中都更纯真、更富于智慧、更大度、更从容。我曾和她开玩笑说："你一到台上就像出嫁的闺女回到了娘家"。这话她是首肯的。[1]

以上乔羽讲的是郭兰英在正规舞台上演出的情景，下文一转，便讲到了非正式场合：

但是使我印象最深的一件事情却不是在这种场合发生的。

那是1948年的冬天，我人民解放军围住了阎锡山盘踞的太原，当时炮声像狂风呼啸一般连

---

[1] 乔羽.乔羽文集[M].北京：新华出版社，2004：56.

成一片。在奔赴太原前线的行军途中，一天晚上，我们停宿在寿阳县的一个山村里，房东老大娘知道我们是一群文艺工作者，便不胜感叹地说："唉，可惜你们来晚了，本来我们这里有一个好唱家，你们听了也会说好的，可惜她已经死了。"我们问这位唱家是谁？她说她的名字叫郭兰英。于是我们把兰英找来，问大娘："你看她是谁？"大娘辨认了一下，说不认识。等到大娘弄清眼前便是她所说的那个唱家的时候，她怔住了。接着便是大娘与兰英之间的一阵泪光莹莹的哽咽。那天晚上，兰英的歌是专为一位素昧平生的听众唱的，但闻讯而来的人们却挤满了院子，爬满了墙头。

兰英在旧社会里受够了苦，也在苦中摔打出来一身精湛的技艺。老大娘听到的这个不真实的传说发生在兰英十七岁的时候，当然她没有死……[1]

○○1989年，郭兰英获中国唱片总公司首届"金唱片奖"

1981年夏，郭兰英和中国歌剧舞剧院的同事们从塘沽回天津。在塘沽火车站候车时，一位同事叫了声"郭兰英"，旅客们听见了，便围拢到郭兰英旁边，请她唱一首歌。候车室中各行各业的人都有，一会儿他们便里三层外三层地把郭兰英围了个水泄不通。车站的工作人员也想听，索性搬来一把椅子，让郭兰英站在上面唱。郭兰英给大家唱了《我的祖国》《南泥湾》《绣金匾》等，大家还不满足，直到再唱就要误车了，大家才善罢甘休。

郭兰英跑着上了火车，大家向她频频招手，并高喊："郭兰英，欢迎你来演出！"

---

[1] 乔羽.乔羽文集[M].北京：新华出版社，2004:56—57.

1989年，郭兰英荣获"金唱片奖"，她的唱片及音带发行量达到数十万张（盒）——由此可见人民对她的喜爱。现在，她的唱片及音带已成为我国民族文化艺术宝库中的一份珍贵资料。

十　从艺六十年

1994年，在郭兰英从艺六十年之际，广播电影电视部、文化部、山西省人民政府决定为她举办"郭兰英艺术生涯六十年"纪念活动。此次活动包括三项内容："我的祖国——郭兰英艺术生涯六十年纪念演出""郭兰英表演演唱艺术研讨会""郭兰英演唱版权捐赠仪式"。

10月25日晚，由著名主持人赵忠祥、方静主持，中央电视台现场直播的"我的祖国——郭兰英艺术生涯六十年纪念演出"在北京保利大厦国际剧院拉开了帷幕。郭兰英和老、中、青三代民族声乐、新歌剧艺术家们，同台演唱了自20世纪40年代以来就深受广大人民群众喜爱的郭兰英演唱过的优秀歌曲和民族歌剧选曲。原创歌曲计有：《我的祖国》，演唱郭兰英、郑苏薇、金铭；《山丹丹花开红艳艳》，演唱贠恩凤；《八月十五月儿明》，演唱刘朝；《南泥湾》，郭兰英与蓝天幼儿艺术团小演员一起演唱；《人说山西好风光》，演唱马玉涛；《汾河流水哗啦啦》，演唱王爱爱；《王大妈要和平》，演唱苏盛兰；《李双双小唱》，演唱邓玉华；《麦浪滚滚》，演唱于淑珍。民歌计有：《桃花红、杏花白》，演唱单秀荣；《妇女自由歌》，演唱谢琳；《绣金匾》，演唱郭兰英、方静、郭春梅、黄茂、周秋雨；《赶牲灵》，演唱董青；《摇篮曲》，演唱梦鸽；《槐花几时开》，演唱李丹阳；《拔根芦柴花》，演唱杨九红。除此外，还演唱了民族歌

○○化妆中的郭兰英

○○郭兰英与前来参加演出的她的学生王爱爱（右一）在交谈（左一梦鸽、左二谢琳）

○○1994年10月25日，中央电视台现场直播"我的祖国——郭兰英艺术生涯六十年纪念演出"。晚会由赵忠祥、方静担任主持人

○○参加晚会的观众在观看纪念活动相关展览

剧选段。《刘胡兰》选段：《一道道水来一道道山》，演唱卢秀梅；《就义》，演唱孙丽英。《小二黑结婚》选段：《清粼粼的水来蓝莹莹的天》，演唱罗宁娜。《白毛女》选段：《北风吹，扎红头绳》，演唱李元华；《黑虎堂》，演唱万山红；《出逃》，演唱刘玉玲；《恨似高山仇似海》，演唱彭丽媛。

演出完毕，全场观众以雷鸣般的掌声祝贺演唱会取得圆满成功。演唱会的电视收视观众达六十万人，这从侧面说明人民群众对郭兰英所取得的艺术成就的认可。同时，演唱会也向全国人民展示了20世纪40年代以来我国民族声乐和民族歌剧艺术的辉煌成果。

同月27日，数百人参加的"郭兰英表演演唱艺术研讨会"召开，会议由文化部艺术局局长曲润海主持。

○○ 郭兰英高歌《我的祖国》

女高音歌唱家郭兰英

○○郭兰英和蓝天幼儿艺术团的小演员们同台演出《南泥湾》

○○晚会以一曲《我的祖国》拉开帷幕，郭兰英、邓苏薇、金铭三代人，在中央广播交响乐团的伴奏下，与北京老战士合唱团高唱《我的祖国》（指挥：袁方；伴舞：郭兰英艺术学校舞蹈系学生）

○○郭兰英与参加演出的演员们共同高歌《我的祖国》

郭兰英是我国杰出的艺术家。她的艺术来自群众、来自人民。从山西梆子到歌剧，她把民族民间的传统艺术精华融化在新歌剧之中；她时刻想着把自己的艺术献给人民。

——曲润海

曲润海说："郭兰英把歌唱祖国作为己任，'一条大河'唱遍了全中国；她崇拜、尊重毛主席、周总理、朱总司令、刘少奇等老一辈无产阶级革命家，《绣金匾》从（20世纪）50年代一直唱到今天……用鞠躬尽瘁的精神把艺术服务于人民。她是几代人的代表，又是几代人学习的榜样。郭兰英是时代造就的艺术家，新的时代召唤着更多

晋歌戏曲根基厚 剧苑歌坛成就高
党政扶持民众养 名花一放永不凋

贺郭兰英舞台生涯六十年
一九九四年十月二十日
曲润海

○○曲润海 贺词

○○郭兰英与嘉宾曲润海（前排左一，文化部艺术局局长，中国歌剧舞剧院原党委书记、代院长）、刘文金（后排左一，中国歌剧舞剧院院长）、乔羽（前排右二，中国歌剧舞剧院原院长）、田军利（前排右一，文化部艺术局副局长）等合影

新的杰出的伟大艺术家。"[1]

中共山西省委宣传部副部长、山西省文化厅厅长温幸这样评价郭兰英："她在汾河边长大，她的生活基地、艺术基地在这里。她把民间文艺传统与革命传统相结合，在两种命运的大决战中接受了革命道理，懂得要活命就要革命，以自己的心血参与了中国革命斗争的历史进程，在血与火的洗礼中成长为一名革命文化战士。几十年来她从不忘为人民演出，在她的艺术中倾注着对人民、对党的全部感情。因而她的艺术得到家乡人民的热爱，也得到全国人民的热爱。"[2]

纵观郭兰英的艺术历程，她具有艺术民族化、大众化的坚定性，艺术家和革命家的统一性以及为人民服务的彻底性。

——温幸

---

1 黄俊兰.郭兰英的歌唱艺术[M].北京：人民音乐出版社，2000：118.
2 同上。

○○郭兰英表演演唱艺术研讨会会场

老一辈音乐家、中国音乐家协会副主席赵沨说:"在近一两百年之中,特别是殖民主义统治的时候,音乐领域中欧洲中心论一直处在霸主的地位。近些年来冷战结束了,当人们研究世界音乐时不得不承认各国家各民族的音乐有着自己独立的构架……建立民族声乐学派看似是件小事情但却不然,它是关系到国家、民族传统的大事情。我不相信,一个国家、一个民族的传统会那样容易地被毁掉、被击败。艺术上只有传统的变异,即文化的融合与融汇,没有传统的灭亡。郭兰英应该说在这一方面用自己的努力写上了金光闪闪的大字。"[1]

与郭兰英常年合作的作曲家、导演、指挥、演员,如李波、邓在军、前民、陈强、舒铁民、乔羽等也相继发言,盛赞郭兰英为中国民族声乐、民族歌剧艺术作出的开拓性贡献,以及她晚年为弘扬民族艺术而投身于艺术教育事业的壮举。

中国歌剧舞剧院也写了篇题为《新歌剧事业的杰出代表——赞郭兰英艺术生涯六十年》的文章,以宣传郭兰英

○○郭士星贺词

---

[1] 黄俊兰.郭兰英的歌唱艺术[M].北京:人民音乐出版社,2000:118.

○○在研讨会上，郭兰英宣布将自己所有演唱版权捐赠给中国唱片总公司。图为郭兰英在捐赠证书上签字

○○中国唱片总公司副总经理石志军将"郭兰英演唱版权捐赠纪念"牌赠送给郭兰英

○○中国唱片总公司出版的郭兰英的部分唱片、音带

的感人事迹。

研讨会期间,还举行了"郭兰英演唱版权捐赠仪式"。郭兰英在会上郑重地宣读了自己的《捐赠书》:

> 郭兰英是人民的女儿,郭兰英是党培养的文艺工作者,郭兰英的一切属于伟大的母亲——我的祖国。我的演唱版权属于为我出版第一张唱片的中国唱片总公司,这是我演唱版权的最合适的归宿,我诚恳地献给您,这是我的心意,请接受我的捐赠吧。

郭兰英在这个对作家、艺术家的著作权日益重视、加强保护的时代,把自己的演唱版权无偿地捐赠给国家所属的中国唱片总公司,这还属首例。她又一次用自己的实际行动,证明了她无愧于"人民艺术家"的光荣称号。

十一　兰为众花香，吾为人民唱

2018年12月22日晚，由郭兰英艺术发展基金会承办的"为人民歌唱——中国乐派声乐大师郭兰英艺术成就音乐会"在人民大会堂隆重举行。音乐会旨在展现中国乐派声乐大师郭兰英灿烂辉煌的艺术成就，并鼓励后来者把为人民歌唱延续下去。

著名歌唱家郭淑珍、李光曦、胡松华、邓玉华、李

○○郭兰英画作：兰为众花香　吾为人民唱

○○"为人民歌唱——中国乐派声乐大师郭兰英艺术成就音乐会"现场

○○"为人民歌唱——中国乐派声乐大师郭兰英艺术成就音乐会"现场

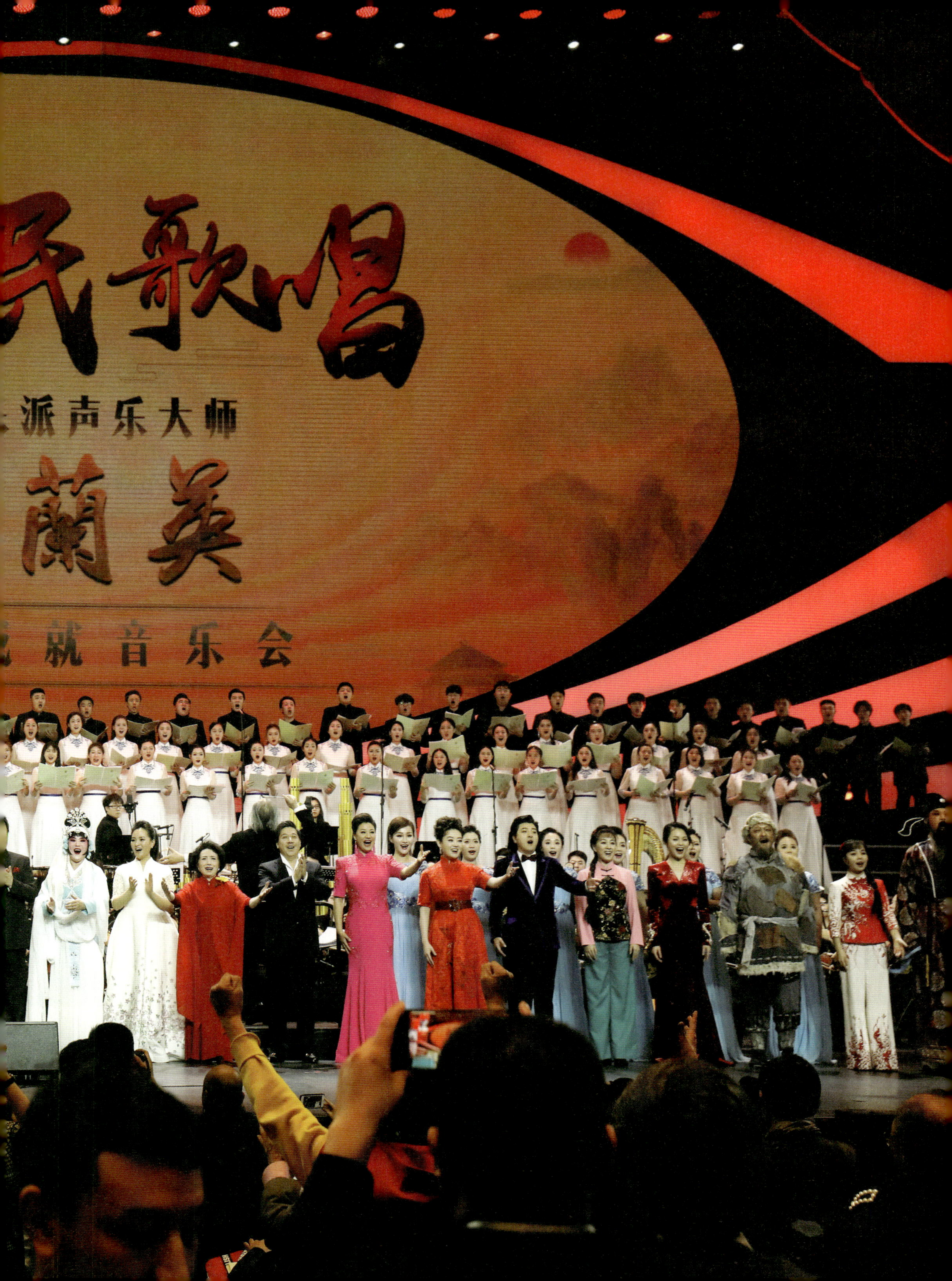

歌唱
派声乐大师
蘭英
就音乐会

○○郭兰英艺术发展基金会会长曹硚（左一）代郭兰英先生向中国音乐学院院长王黎光（右一）赠送画作

○○郭兰英与嘉宾合影。（左起）后排：董伟、胡松华、顾秀莲、彭佩云、郭兰英、郭淑珍、李光曦、王黎光、盂玲；前排：郭世珍、李谷一、邓玉华、陈爱莲、曹珀、乔智

○○郭兰英在"为人民歌唱——中国乐派声乐大师郭兰英艺术成就音乐会"上

谷一登台向郭兰英表达敬意。著名电影艺术家谢芳亲自上台献花。著名画家杨先让、著名舞蹈家陈爱莲等都在现场对音乐会的召开表示了祝贺。胡松华还赠送了一幅书法作品："唱做念舞塑英烈，声美情深扬华帆。"

> 郭兰英老师在民族声乐方面是中国的、民族的代表，郭兰英的这个音乐会就是发扬、继承优秀的民族文化。
> ——张也

> 郭兰英老师是我们伟大的人民艺术家，也是山西省人民的骄傲。
> ——谢芳

音乐会分三个部分："香自苦寒来""兰为王者香""我为人民唱"。万山红、阎维文、张也、王宏伟、刘和刚、雷佳、吴碧霞、王丽达、高鹏、吕继宏、方琼、王二妮、翟丽美等演员再次演唱了郭兰英唱过的歌曲。山西平遥籍歌唱家阎维文演唱了电影《我们村里的年轻人》续集的插曲《人说山西好风光》，山西省晋剧院青年团昔阳籍优秀晋剧演员翟丽美演唱了晋剧《算粮登殿》中的选段。除此之外，艺术家们还演唱了富有山西祁太秧歌风味的《妇女自由歌》，新歌剧《小二黑结婚》选曲《清粼粼的水来蓝莹莹的天》，《刘胡兰》选曲《一道道水来一道道山》《数九寒天下大雪》，电影《汾水长流》插曲《汾河流水哗啦啦》等，观众们大饱了耳福与眼福。音乐会在郭兰英与众人一起高唱《我的祖国》中结束。

○○ "为人民歌唱——中国乐派声乐大师郭兰英艺术成就音乐会"现场

郭兰英：唱，唱给人民听，人民接受，他们会唱，这就是我的想法。

词坛泰斗，曾任中国歌剧舞剧院院长的乔羽评论说："几乎半个世纪过去了，在中国歌坛上，兰英依然代表着民族声乐艺术的最高成就……"

兰英同志是大家，是高峰，她以独具的光彩映照着音乐艺术的大千世界。[1]

——乔羽

1963年，郭兰英首办独唱音乐会并大获成功，说明了一种民族声乐流派或体系的存在；五十五年后，此次音乐会的成功举办，亦从侧面证明郭兰英已成为"中国乐派声乐大师"。郭兰英为中国乐派声乐立下了汗马功劳，令人敬慕。

郭兰英：1956年至今，《我的祖国》依然在传唱。此曲代表我的心理、我的生命。我每次演唱，都有说不出来的内心感觉，它形成了我无可替代的情结。

---

[1] 乔羽.乔羽文集[M].北京：新华出版社，2004：58.

民族声乐教育家郭兰英

○○ 郑兰英校长在办公

一 教书育人，桃李芬芳

郭兰英是我国卓越的民族声乐家、杰出的歌剧表演艺术家，是我国"民族歌剧领域中的杰出代表人物，她为今后在世界歌剧领域内建立我国民族学派的歌剧艺术体系，奠定了基础，树立了典范"[1]，她的辉煌成就已载入中国歌剧史。但这还不是郭兰英的全部"定义"，我们说，郭

○○郭兰英在给青年演员上课

---
1 《中国歌剧史》编委会主编.中国歌剧史（1920—2000）：上册[M].北京：文化艺术出版社，2012：502.

○○1980年，郭兰英（三排中）和太原职工业余声乐训练班的学员合影

兰英还是一位民族声乐教育家。

其实早在20世纪50年代，郭兰英就展开了教学工作。到1985年，郭兰英卖掉家产，带着仅有的几万元积蓄，与爱人万兆元一同来到著名音乐家冼星海的故乡广东番禺飞鹅岭，白手起家，发扬自力更生、艰苦奋斗的延安精神和"南泥湾"传统，走"鲁艺"道路，创办了中国民族民间艺术专业学校（后更名为郭兰英艺术学校），学校于1987年9月1日正式开学。从此，飞鹅岭就如唐代大诗人刘禹锡所言"山不在高，有仙则名"那样，因有了郭兰英这位歌唱家及其创办的这所学校而闻名于世了。

三十多年过去了，如今的学校已建起了许多座富有民族特色的现代化建筑，"乐府""丹青楼""排演厅""书苑楼"，整所学校犹如一座民族艺术的百花园。目前有来自全国二十多个省、自治区、直辖市十多个民族的数千名学生在这里学习。一批又一批毕业生走出校门，有的成了文艺团体的艺术骨干，有的在全国各类文艺大赛中获奖，有的走上了艺术教育的光荣岗位，有的还在国外唱出了名堂并得了许多大奖。

郭兰英说，她之所以去从事教育工作是因为周恩来总理的一句话。她说："1964年12月，开第三届人民代表

○○郭兰英校长经常亲自组织全校师生进行爱国主义教育活动

○○郭兰英艺术学校校门

○○绿茵场上国旗升

○○艺校园中的"乐府"

○○郭兰英亲自指导学生们

民族声乐教育家郭兰英

249

○○ 郭兰英陪同华南师大中文系教授何楚熊（前中）、香港海燕艺术学院李明（前右）、广东省音乐研究所副所长冯明洋（后左）等参观校园里的"南泥湾路"

大会的时候，在怀仁堂举行主席团会议，中间休息时我在走廊里遇见了周总理，他问我：'兰英啊，你现在能唱能演，将来年岁大了之后干什么啊？想过没有？'我当时可以说生活在幸福之中，根本没想过这个问题。总理去世之后，我才悟出总理的意思，总理是希望我们后继有人，光大并发扬民族的艺术事业呀！所以我告别舞台之后，就办了郭兰英艺术学校，想把我的经验传下去。"

身为"人民艺术家"，郭兰英对自己的要求是"只有一颗心，处处为人民"。她说："我现在年纪大了，腿脚不好，唱歌也上不去了，但为国家好、为人民好的事，还要主动去做"。

二 薪火相传，初心不改

办学伊始，身为校长的郭兰英就双管齐下，既重视学生的思想品德教育，也重视他们的专业学习。学校规定，每周一早晨升国旗、唱国歌，下午政治学习，星期六劳动半天。

郭兰英认为，专业教学要抓住三个环节：一为基本功训练，二为"成品教育"（指为完成某一完整作品而展开的方方面面的训练），三为舞台实践。三者都很重要，缺一不可。在这方面，郭兰英是有经验的。李元华、万山红、彭丽媛、刘玉玲等都是她的弟子；老一辈歌唱家里，马玉涛、任桂珍、乔佩娟和贠恩凤等也都向她学过艺；目下，一些仍活跃在歌坛上的中青年歌手，或多或少都受过她的影响。

早在1977年，她在歌剧团时，借调自上海京剧团的李元华、北京河北梆子剧团的刘玉玲将和她一起出演《白毛女》中的喜儿，她便为她们做指导。她在《我演喜儿三十年》一文中感慨地说：

> 我扮演喜儿三十年了，今天，随着时间的推移、革命的进程又对我扮演喜儿提出新的课题和要求。在"文化大革命"中成长起来的青年演员李元华、刘玉玲同志和我共同扮演喜儿，对我也是个很大的鼓舞和激励。我将永远像第一次接触歌剧《白毛女》那样，永远保持新鲜的感觉

○○郭兰英指导王爱爱表演晋剧《金水桥》

○○郭兰英向李元华讲授扮演喜儿的心得体会

○○1980年代，郭兰英在郭兰英艺术学校指导学生李秀玲

和革命的激情，和喜儿同呼吸共命运。当喜儿手捧玉茭子面时，我不能忘记苦难的岁月；当喜儿面对地主婆的皮鞭时，我不能忘记过去那非人的折磨；当喜儿逃进深山野洞坚持斗争时，我不能放松思想改造，要继续革命；当喜儿高唱太阳底下把冤伸时，我要永远记住共产党、毛主席的恩情！喜儿啊，我将永远伴随着你……

郭兰英还常说没文化不行，她所指的没文化，是指没有全面、广博的文化知识和艺术修养。

郭兰英：一个没有文化的人是会让人瞧不起的，学艺术没有文化就没有眼界。视野不开阔，唱歌也好、演戏也好，都不可能达到精、深的程度。[1]

1　黄俊兰.郭兰英的歌唱艺术[M].北京：人民音乐出版社，2000：110.

○○郭兰英校长亲自给声乐系学生教授发声技巧

郭兰英曾给学生讲她为什么于20世纪60年代初，要向李苦禅大师学习绘画——因为画家最善于构图。"突出主体，虚实结合，追求神似，密处不透风，疏处可走马。在处理各种不同画面时，特别讲究画面上留出的'空灵'，就是说一幅画切忌堆满，面面俱到，而是要你留下某些空白……空不等于空无一物，要留得有道理，使得空白不空，能够引发人们的联想……在传统戏曲的结构上，往往也会出现一块'空灵'，这块'空灵'，不受时空限制，充分为演员提供发挥表演艺术的机会……因为有了'空灵'，才能让演员们唱足了戏"。[1]

她还常对学生们讲，要想全面提高自己的音乐修养，平时不但要听声乐曲，还要听器乐曲。她对中国音乐大师盲人阿炳的二胡演奏艺术非常推崇，她经常听阿炳的二胡独奏曲《二泉映月》。世界著名指挥家小泽征尔曾说："这种音乐只应该跪着听！坐着和站着听，都是极不恭敬

---

[1] 高义龙主编.越剧艺术论[M].北京：中国戏剧出版社，2009：393—394.

○○郭兰英和艺校学生在一起

○○郭兰英和她的学生在演唱《绣金匾》（左起：殷俊、郭春梅、郭兰英、周秋雨、黄茂）

○○2017年，郭兰英在中国音乐学院指导《小二黑结婚》

○○来自全国各地的舞蹈系学生们在郭兰英校长的关怀下茁壮成长

的。"[1]老一辈音乐家赵沨说："他的伟大的名字应该用黄金写在中国音乐史上。"[2]

郭兰英的谆谆教诲，使学生们受益匪浅。

郭兰英为了给学生们提供艺术实践的机会，在学校挑选骨干，组建了郭兰英艺术团，让学生们到革命老区，如湖南、山西等地进行慰问演出，让学生们经风雨见世面，在演出实践中不断增长才干。

1999年上半年，中央电视台一套在黄金时间推出了由赵光毓编剧的十二集音乐电视剧《郭兰英》。

概略而言，该剧用电视艺术的形式，讲述了郭兰英六十多年的艺术生涯，由此也反映了中国民族声乐和民族歌剧事业的发展史。词坛泰斗乔羽亲为该剧主题曲作词：

○○1990年12月17日，郭兰英与《郭兰英》电视剧主创等人员合影：孙伟（左二）、郭兰英（左三）、魏继恭（左四）、万兆元（右一）、史启发（右二）

---

1 黑陶.二泉映月：十六位亲见者忆阿炳[M].桂林：广西师范大学出版社，2018：腰封.
2 同上。

○○郭兰英校长与学生一起听课

水呀，水清灵灵，
天呀，天蓝个英英，
歌呀，歌儿唱得人人都爱听。
唱出了爱，唱出了情，
唱出了五湖四海宽阔的心胸。
唱得你动心，唱得我动情，
唱得千家万户心里暖融融，心里暖融融。

郭兰英的歌声优美，不管唱什么，一听就是她"这一个"，而不是别人，艺术个性非常突出。她所演唱的那些歌曲和所演的歌剧是经典的，确实像李瑞环同志讲的，不仅有民族性，还有世界性、世界意义。

——张华山（中宣部文艺局副局长）

郭兰英从小就在"打戏打戏，不打不记"的传统戏曲教育模式下，以惊人的毅力与恒心，练就了一身童子戏曲功；参加革命后，在党的培养下，她为中国民族歌

剧表演体系的建立、民族演唱艺术的发展，作出了开拓性的贡献。她的演唱始终不脱离民族传统。乔羽曾赞扬她说："听！郭兰英多会唱，咬字吐词多清楚，一点洋玩意儿都没有。"郭兰英始终恪守"民族的才是世界的"理念，对民族传统文化充满自信。从这个意义上说，音乐电视剧《郭兰英》堪为一部艺术教育的好教材。

我觉得这部片子是一部很好的教材，对我们从事教育工作的人、对青少年来说都是很好的教材，能启发鼓舞人。这部戏的生命力就在于郭兰英对艺术的使命感和责任感，充分地、艺术地体现了郭兰英艺术的人民性和爱国心。

——刘继南（北京广播学院原院长）

该剧还着重展现了郭兰英艺术观念的转变过程。在党的文艺工作者的启发下，在观看红色歌剧《白毛女》后，她朴素的革命觉悟被唤醒了，她决心与旧戏班决裂，不再做它的"摇钱树"，毅然走上了革命道路。在华北联大文工团，她逐渐认识到了文艺的作用：演戏，不是光为了挣钱养活父母，也不是为了"人前夺萃"，而是为人民歌唱、为人民服务。从此，她的演唱始终讲述着同一个故事——人民的故事。

该剧播出后，剧组召开了"十二集音乐电视剧《郭兰英》艺术研讨会"，专家、学者给予了该剧中肯的评价。

郭兰英的艺术是源于生活的，经过提炼又高于生活。郭兰英对艺术的造诣是我们学习的榜样，是我们这一代文艺工作者的典范。这部电视剧不仅让大家看到了感人的故事情节，而且还能听到很多好听的歌。给人感觉是很好的艺术欣赏，很过瘾，有久违的感觉。

——邓玉华（中国煤矿文工团歌唱家）

三　排导民族歌剧《刘胡兰》

2016年，已是耄耋之年的郭兰英欣然接受山西省晋剧院的邀约，在百忙中抽出时间，为家乡剧院排导了民族歌剧《刘胡兰》。从演员的歌唱、表演，到乐队的音乐伴奏等，她都耐心细致地进行排导，使演员与乐手们受益匪浅。

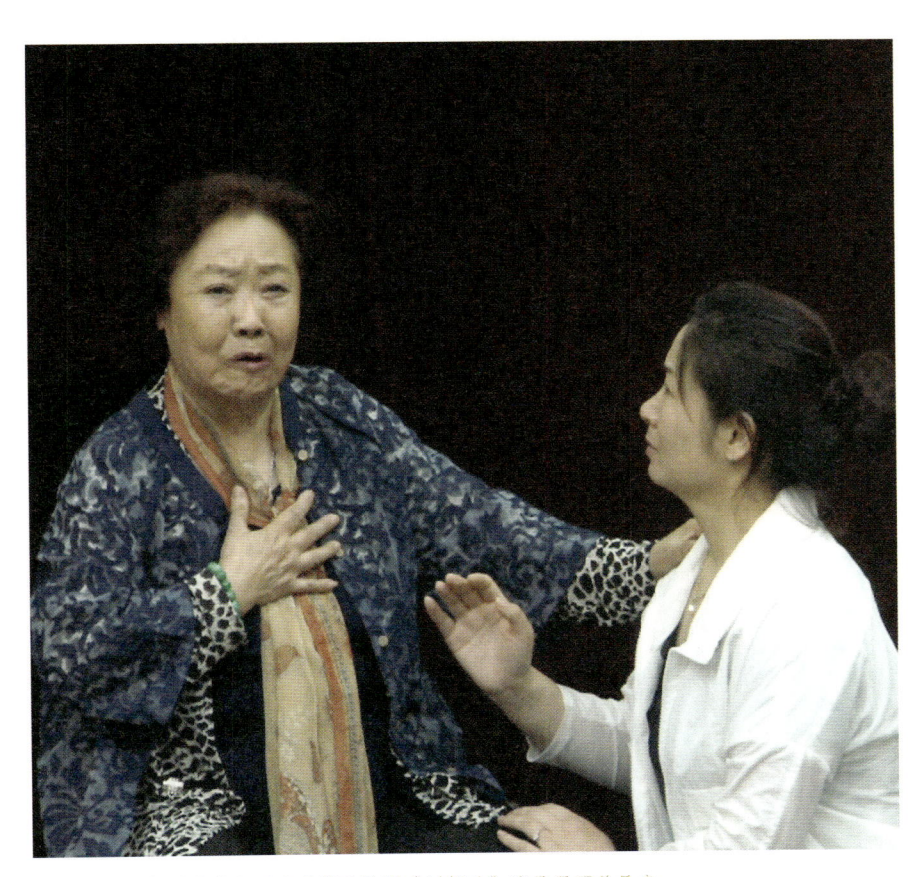

○○2016年，郭兰英为山西省晋剧院歌剧《刘胡兰》演员翟丽美导戏

○○2016年7月21日，歌剧《刘胡兰》剧照，翟丽美饰刘胡兰

○○歌剧《刘胡兰》表演完毕，郭兰英上台和山西省委宣传部、文化厅领导接见演职员等后合影

四 "民族歌剧演员要有戏曲功底"

2017年4月初，八十八岁高龄的郭兰英应邀到中国音乐学院授课。"她和学生一见面，就问：'你们学过戏曲没有？'当她知道这些年轻学子几乎都没有戏曲功底的时候，非常着急……在此后的课堂上，郭兰英不断地强调：'我不管谁是你的老师，到我这里来得听我的……咱是中国人呐，中国人怎么就说不好中国话……还是回来吧，把中国歌唱好了吧！'"[1]

当她讲到我们中国民族声乐（如戏曲）中的腔词关系时，她说："每个字都要'啃'住喽！""不要只顾声音，不吐词咬字。"她还在课堂上反复强调："音乐学院的老师注意的是你的声音、位置，我不仅注意你的声音、位置，而且更注重的是：吐词咬字、人物感情、角色思想……"说到这里，郭兰英停了一下，加重语气后非常结实地一字一顿吐出两个字："灵——魂！"[2]

另一节课上，郭兰英语重心长地说："字要一个一个唱出来，每一个字都不要夸张，要像玻璃球一样送到观众的耳朵里，清清楚楚。作曲家创作的时候太辛苦，不是每个装饰音都写上去，作为演唱者，你要琢磨中国的语言。咱们祖宗留下来的语言美啊！每个字你要把它唱圆了，送

---
1 青睐.郭兰英：我不能骗你，骗你就是害你[M]//左权县人民政府，北京星河公益基金会编.民歌汇.1.太原：北岳文艺出版社，2020：72.
2 青睐.郭兰英：我不能骗你，骗你就是害你[M]//左权县人民政府，北京星河公益基金会编.民歌汇.1.太原：北岳文艺出版社，2020：76.

到观众耳朵里，让观众听了非常舒服，非常自然。"[1]

她还说："我在舞台上占便宜，就是沾了戏曲的光。"说着，郭兰英不由自主又强调起戏曲功底的营养价值。她说："在戏曲里，演员就能做到让观众哭，观众就得哭；让观众笑，观众就得笑。"[2]

为了深入探究戏曲艺术对郭兰英的影响，笔者对她进行了专访。她将其在课堂上向学生们传授的戏曲的"四功五法"与表演程式等一一向笔者道来。

最后，她说出了她的愿望："我总是巴不得在短短的课程里把一生所学一古脑儿倒出来，让学生们悉数拿去，以不负周总理对我的期望。"

笔者深感她的讲述对目前民族艺术的创造性转化与创新性发展颇有现实意义，故特在附录里将戏曲的四功五法及表演程式等详列出来，以飨读者。

---

[1] 青睐.郭兰英：我不能骗你，骗你就是害你[M]//左权县人民政府，北京星河公益基金会编.民歌汇.1.太原：北岳文艺出版社，2020：80.
[2] 青睐.郭兰英：我不能骗你，骗你就是害你[M]//左权县人民政府，北京星河公益基金会编.民歌汇.1.太原：北岳文艺出版社，2020：86.

结　语

笔者在将要结束采访时问郭兰英：您的人生之路、艺术之路，是靠什么支撑的？

郭兰英说了两点：

第一，人活在这个世上，要有正确的价值观，也就是要时刻想到，你给予了这个世界什么？要不然，就等于白来人间一趟。那有什么意思？比如演唱《我的祖国》，我内心想的是，没有祖国就没有我郭兰英，所以我能调动歌唱技巧，热情洋溢地歌唱，从而引起观众共鸣，让"一条大河"永不干涸。我觉得这就是我的人生价值。

教育的首要问题是培养什么人。习近平总书记强调：要努力构建德智体美劳全面培养的教育体系，形成更高水平的人才培养体系。把立德树人融入思想道德教育、文化知识教育、社会实践教育各环节，贯穿基础教育、职业教育、高等教育各领域。学生的可塑性强，所以"扣好人生的第一粒扣子"对于养成价值观至关重要。我们要做到以文化人、以德育人，教育和引导学生践行社会主义核心价值观，把德育内化为学生自身成长的动力，为成长筑牢坚实的价值底座，这样，人生才能绽放出绚丽的花朵。

第二，要不断地学习。人非生而知之，要进步，就必须虚心地、勤奋地学习。否则是断然不能成才的。我就是用毛主席和习近平总书记的教导来教学生，并与他们共勉的。

○○○郭兰英近照

我们应牢记领袖嘱托，扛起时代使命，为中华民族的伟大复兴作出自己应有的贡献。

附录一：戏曲表演手段

一　四功

四功是指唱、念、做、打四项基本功，它们是戏曲的四大表演手段。在戏曲中，唱、念同属于"歌"的部分，为的是塑造剧中人的音乐形象；做、打同属于"舞"的部分。二者紧密配合便可以塑造出完整的舞台艺术形象。

1.唱功

指戏曲歌唱的基本功。它是在演员先天嗓子的基础上，通过"喊嗓""吊嗓"来拓宽音域、扩大音量、加强耐久力、增饰音色美，以训练出一副后天的"功夫嗓儿"。

戏曲的唱功，主要体现在用气、吐字和行腔三方面。"气乃声之源"，演员在演唱时要气沉丹田，用胸腹式联合呼吸法，取得胸腔、口腔、鼻腔和头腔共鸣。吐字（即咬字）时，注意"五音四呼"。"五音"指喉、舌、齿、牙、唇五个发音部位，"四呼"指开、齐、撮、合四种口形。找准发声部位后，用具有"强音头"的"喷口"，用准确的四声调值，将字从口中喷出。行腔时，要符合板眼规律，对人物感情、唱词内容及字的调值进行综合考量；同时，要讲究"气口"，熟练运用换气、偷气、歇气、就气等，还要学会用不同行当的行当音色来演唱。

唱的美学规范是字正腔圆、声情并茂。

2. 念功

老艺人常说:"千斤道白四两唱。"这说明了道白的重要性与难度——同时也告诫演员们不要轻视道白。道白讲究的是音韵、声调,在念戏文的时候,演员要掌握住字音字意字韵,以抑扬顿挫等方法,咬字吐字,力求字字珠玑——念出的字犹如"大珠小珠落玉盘"。

道白从音韵角度分韵白和方言说白两种。韵白以中州韵为读音,并结合各地的方言音调,咬字、归韵的标准以及四声调值都有一定的规律,其节奏感和音乐性比方言说白更强,多用于悲剧性人物或场景;方言说白则多用各地的语音调值来念,多用于喜剧性人物或场景。

道白的形式有对白、旁白、自报家门三种。

对白,是剧中人相互之间的对话,分二人对白、三人对白或多人对白等,亦可边说边唱。

旁白,是指在演出过程中,角色的内心独白,或是对另一方的评价,亦称"打背躬"——因为此时角色大都是走向舞台一侧,背对着剧中其他人物而面向观众说话。

自报家门,指剧中人首次出场时面对观众作自我介绍,内容有姓名、籍贯、身世、经历,以及当时的场景、自我的心理活动等。

此外,尚有"插白",即在唱段中插进话白。

念的美学规范是发声"重、大、响",强调音乐化。

3. 做功

与唱、念功一样,做功也是戏曲演员从小要练的基本功。一开始学戏就要练眼睛,使之有神。因为演员塑造人物,揭示其心理世界,刻画人物性格,离不开一双"会说话的眼睛"。戏谚说:"三分扮相,七分眼神。"这就是说,脸上的戏在眼上,眼神若表达不好,观众便不会买账。

做功通常泛指对形体技巧的训练,包括演员的"口、手、身、步"等种种基本功。它贯穿于演戏的始终,程式性很强，近似于"大写意"。如晋剧艺人所说的"吹胡子瞪眼，耳坠子打脸""提袍甩袖亮靴底"，即反映了晋剧做功（表演）风格火暴的特点。演员一登上舞台，无论是行走、坐立、出进门、上下楼，动作都要合乎规范。做得好，亮相时就会犹如一尊精致的雕塑般完美无缺。打背躬和其他哑剧式表演，以做代口，尤其是特技表演，如踩跷功、翎子功、梢子功、髯口功、马鞭功、帽翅功、扇子功、水袖功、手绢功、喷火功、放火功、拐子功、幡子功、耍牙功、耍蛤蟆、耍茶盘等，若演员能用源于生活而高于生活的、虚实结合且以虚拟为主的动作技巧娴熟地表现生活，而不是模仿生活或再现生活，必然会令观众拍案叫绝。

4.打功

即武功。它分为三类：一类是把子功，武打时以刀枪把子为道具；另一类是毯子功，演员在毯子上翻滚跌扑；还有一类是筋斗功，指演员腾空翻跃的功夫。

武打有单打和群打之分。单打亦称对打，为敌对双方交手。两杆枪对打，有大快枪、小快枪之分；刀枪对打，有单刀枪、大刀枪、双刀枪之分。徒手与单刀对打，称单手夺刀；双棍对打，称十八棍儿。

武打又有"长靠"和"短打"的区分。长靠武打，比较讲究工架；短打是敌对双方贴近格斗，武打招数较多。

武打中还有所谓耍刀花、耍枪花等程式：打斗中胜利的一方，要使出浑身解数，耍一阵手持的刀或枪，以展示自己的高超武功和胜利英姿。

群打中还有名为"打出手"的武功场面。以一人为中心，在对方数人的配合下，做刀、枪、鞭的投掷、踢送等表演，如《盗仙草》中就有这样惊心动魄的混战场面。

传统戏中的武打，称扮演胜者一方的人员为"上手"，败者一方的人员为"下手"。

"做"和"打"的美学规范是"稳、脆、帅"。

笔者为晋剧四功编有四言口诀，现录于下，以供读者参考。

唱

七十二行，唱戏居上。前辈长老，技艺特长。
不效胶柱，又能改良。勤学苦练，艰辛备尝。
集腋成裘，煞费心肠。唱做念打，首先谈唱。
百姓百性，绝非同样。男女老少，士农工商。
下至庶民，上自帝王。各人各面，各人各腔。
生旦净丑，分别行当。喜怒哀乐，千般情况。
人情世故，善恶贤狂。恶者遗臭，善者流芳。
有贬有褒，包罗万象。一宗一桩，关键在唱。
做出模样，唱出形象。寓教于中，不同凡响。
戏曲诀谚，作些比方。钉鞋凭掌，唱戏凭嗓。
力勿用尽，久练声亮。不宜蛮喊，不可勉强。
饱不宜唱，嗓易沮丧。嗓子倒仓，轻声低放。
徐徐调养，即复原状。运气发声，口不宜张。
换气偷气，气足声强。咬字引腔，直截了当。
以字带声，因字生腔。要会噙字，不慌不忙。
权当噙兔，音色铿锵。不会押韵，盲目混账。
字圆如珠，洋溢流畅。一字走调，满盘输光。
咬字咬头，掌握分量。送腹收尾，顿挫抑扬。
讲究喷口，余音绕梁。声腔情感，合味会唱。
把人唱醉，观众鼓掌。外行一唱，听者失望。
把人唱睡，走入梦乡。有情没理，冠冕文章。
有理没情，隔靴搔痒。审美追求，情理俱全。
板式节奏，灵活恰当。慢板要紧，叮叮咣咣。
快板要稳，熙熙攘攘。散板要准，平平常常。

紧拉慢唱，不紧不忙。紧而不乱，舒展稳当。

念

念即白语，亦有理论。白分三种，语气深沉。
抑扬顿挫，高低平稳。不得含混，麻糜不分。
务须慎审，更须认真。说甚是甚，叙述原因。
标点符号，分清记准。说绕口令，练出口劲。
由远而近，由浅入深。这叫喷口，紧慢缩伸。
唱轻四两，念重千金。经验古训，沿称至今。
悬殊虽大，有理可循。彼此价值，黄金比银。
宫门挂带，五堂会审。白语比重，占大部分。
论其范围，分类别门。例行多项，已属久闻。
诗词辞引，对于颂吟。还有札子，哼点绛唇。
读状阅信，赋经祭文。个别老套，声色不纯。
七重字名，讹传七寸。宇字双名，已佚无存。
各个行当，规定口音。唯独净角，不能平均。
男女角色，截然区分。尤其老幼，更不得匀。
喜怒哀乐，不落后尘。不套旧陈，又可革新。
根据情感，掌握分寸。适可而止，不宜过分。
感人至深，堪称合文。鹤立鸡群，可爱可钦。
观众听罢，大过戏瘾。心满意足，倍增精神。
谦虚前进，骄傲招损。稍一不慎，难免丢人。
拙舌咬舌，不能胜任。唾沫星子，鼾水出唇。
可以疗愈，一顺百顺。苦心锻炼，沙里淘金。
个别演员，变成懒民。强调口笨，怕费脑筋。
规劝话尽，就是不肯。舞伸五指，新音指心。
自相矛盾，把式不真。人云亦云，白背条文。
却想讨巧，一鸣惊人。草帽拍铍，绝对没音。

做

演员做戏，谈何容易？戏要怎做？需有演技。
戏为虚戈，要解虚拟。程式动作，还得出奇。
外形表现，坚定不移。内心活动，必须具备。
二者并举，配合写意。珠联璧合，方能出戏。
男女演员，决心从艺。童子功深，打下根基。
通过实践，掌握艺理。中国戏曲，自成体系。
生旦净丑，性格不一。形象不同，很难具体。
概括描写，用扇作比。正生扇腹，形容正气。
小生空扇，潇洒飘逸。旦角扇胸，忸忸怩怩。
丑扇扇花，奸诈谄媚。净扇臀部，勇气无比。
零碎角色，齐都免却。喜怒哀乐，表演不一。
艺术规律，并非儿戏。喜则微笑，哈哈嘻嘻。
怒则横眉，愤恨带气。哀则抽泣，咦呀叹息。
乐则妩媚，神采奕奕。根据情感，按照事宜。
不瘟不火，合乎逻辑。正反角色，明显有异。
综括一句，形象对立。不蹈旧俗，削足适履。
改革设计，创出特技。帽翅自动，左右更替。
将须舞须，翎子纵立。舞内自转，舞扇俏皮。
鞭子缠颈，挂画登椅。不管何技，慎重配戏。
过则腻烦，留有余地。旧的手法，加工整理。
不切实际，全部扬弃。戏曲谚语，名言至理。
作为课题，反复学习。所谓流派，不是单一。
对于做戏，大有关系。要想成名，脚踏实地。
内因外因，摆好关系。身怀绝技，群众服你。
若凭吹嘘，要碰墙壁。

打

打即战斗，或称斗殴。看何剧目，是甚情由。
抵御外寇，扫除番酋。金沙滩里，大反幽州。

三关排宴，石佛关口。七擒孟获，大破洪州。
除奸报仇，有淮都关。忠心保国，公孙杵臼。
郑恩吃瓜，十郎卖油。武松杀嫂，宋江坐楼。
三岔口里，展开武斗。七星庙里，杨佘结俦。
八姐九妹，烧火丫头。别看年幼，功夫实授。
青蛇白蛇，激战飞斗。神话故事，传说悠久。
生旦净丑，都有一手。武打技术，各有千秋。
打得花哨，群众拍手。没有技巧，有啥看头。
培养武功，从小着手。先教拿顶，又把腿揉。
腰肢柔软，蝎子爬走。虎跳踺子，小翻要凑。
打好基础，再翻筋斗。起火带炮，明柱顺溜。
民间武术，移植吸收。枪刀把子，应有尽有。
加以夸张，姿势优秀。群众通过，赞不绝口。
武打技艺，国剧为首。发展研究，名目难数。
各种当口，又打出手。吊猫壳子，巧亮匕首。
晋剧武打，也有路数。百世流传，历史悠久。
长枪看抖，单刀看手。大刀看口，双方看肘。
虽然如此，深感不够。又少又粗，师傅发愁。
筱氏吉仙，来到并州。文武编导，熔于一炉。
技术精湛，堪称一流。多少演员，去把师投。
悉心传授，概不保守。筱派艺术，确属实授。
晋剧武打，跃然抬头。打出局面，大有成就。
推陈出新，道理清楚。承前启后，努力加油。

二 五法

五法指的是戏曲演员形体部位的表演技法，具体指演员在手、眼、身、法、步上的功夫。

1.手

老艺人们常说：行家一伸手，便知有没有。但要想把手法练好，却非易事，光是旦角常用的手势与指法就有很多。

①手势

摇手。表示否定的动作。无论单手摇、双手摇，都要把大拇指放于中指的指根，类似把兰花指稍伸开些，否则便不美观。如在晋剧《姐妹皇后》中，本来二太子肖缨是看中了玉莲的姐姐金莲，因为金莲比较软弱，即便进宫也报不了杀父之仇，所以玉莲就找借口，说她姐姐患有疾病，不宜进宫。太上皇在与玉莲的交谈中，发现她很有才华，就把她选入宫中。玉莲的母亲与姐姐不理解她，产生了误会。其母痛斥玉莲，玉莲满腹委屈，但又不能说出口，于是，只好翻手摇手，其潜台词是："我想当皇后，实在是为了报父仇。"她试图让母亲与姐姐明白：我决然不是你们所猜测的那样，你们根本不理解我。

搓手。双手合掌，交替互搓，常用于人物进行思索时或遇到棘手之事时。如《姐妹皇后》中，玉莲欲将玉玺扔入御花园的井中，却搬不动石盖，便很焦急地搓手，表示她正在想办法。

抖手。指双手不断地上下来回颤动。艺人们把这又叫作打垂头子——有垂头丧气之意。表现人生气时常用这种手法。这个手法在表演时需要指梢和手腕一齐用劲。如在《游龟山·五堂会审》中，卢林用权势压迫胡凤莲："我儿一死白白罢了不成？"胡凤莲说："住了住了，你那儿子一死你就晓得偿命，难道说打鱼之人就不是父母所生吗？"她气急了，就冲上去抖手。

拍手。把双手的大拇指皆放于手心，往里翻，再并合回来拍。表示人高兴时常用这种手法。如《打金枝》中沈后替唐君蕊向唐代宗求情，唐君蕊高兴地拍起手来，其潜台词是："国母说得对。"

抬手。右手抬时，左手扶住右手袖口，右手随手腕朝里翻过来；左手抬时，右手扶住左手袖口，左手随手腕朝里翻过来。不管哪只手抬，手形都必须捏成"凤头"。如在《陈三两爬堂·责弟》中，陈三两最后以充足的理由说服了义弟陈奎，要把胞弟李凤鸣带回老家务农，从头学起。当她与陈奎离别时，就右手伸起，与陈奎挥手辞别。

拳头。男角是握四方拳，以食指、中指、无名指和小指攥握在掌心，大拇指扣在食指第二关节上。其拳似有千斤重。女角是握佛手拳，大拇指向掌心收拢，食指弯曲，以指尖与拇指指尖轻按，同时中指、无名指和小指向掌心弯曲，中指扣于手心。其拳头是空的，没有四两力。如《姐妹皇后》中，太上皇给了玉莲诏旨，让她设法将之送至莱阳，以便让太子肖绚回朝锄奸。她接受任务之后，就用拳头来表示坚决完成任务。

②指法

指法，是指手的基本形式。

凤头。旦角必备的手形。大拇指与中指皆弯曲，拇指尖靠于中指第二节指肚，构成凤眼；中指的第一节指肚代表凤嘴；食指、无名指、小指顺掌伸出，形成凤冠，整个手形形似凤头。

兰花指。其手形似一朵写意的兰花。小旦因年龄小，其兰花指手形像似开未开的兰花：以大拇指肚压中指的第二节内面，食指伸出，柔软而有力，好似一片花瓣从花蕾中冒出；无名指、小指伸出，好似从花蕾中刚顶出。青衣，因已成中年妇女，其手形似怒放的兰花：以大拇指指肚与中指的指尖接触，食指、无名指和小指顺手掌伸出，不能并回或偏开。老旦，由于年龄偏大，其手形似已开败了的兰花，收缩了：大拇指指肚与中指侧面稍离开点了，食指、无名指和小指微收，但其手形绝不能成为掌片子。兰花指，旦角一伸手就要用到。

佛手形。大拇指靠于中指尾节，其余四指微翔，分单手、双手两种形式，常用于仙家、佛家、道家人物。若为男角，虎口似开不开；旦角则绝不能开。《姐妹皇后》中，玉莲在皇宫中暗暗祝告上苍，保佑密诏能送到莱阳时，就运用了佛手形指法。

凤头、兰花指是旦角很重要的指法基本功，缺一不可。指法再重要，但若离了手腕的支持，也是变化不成的。比如旦角指小溪流水，往往是手背朝上，手指捏成凤头，用手腕翻过来，平送出去。

2.眼

指演员运用眼珠、眉毛以及脸部肌肉来表演的技法。这实际上牵涉演员的整个面部表情。戏谚云："一身之戏在于脸，一脸之戏在于眼。"好的眼功，必须有整个面部表情来配合。

平素人们说，人的面部是由眼、眉、口、鼻、耳五官组成的，谓之七窍。这种说法不够全面，再加上额、颐、颊（腮）、颌和牙齿就全面了。这几部分，在生理上是相互依附的，在戏曲表演时是紧密配合的。其中，眼睛起着主导作用。

眼。中国戏曲，无论哪个剧种，都会用眼珠的转动，或是眼光的投射，来表现人物内心活动的——戏曲术语叫"眼神"。眼神的运用，相当广泛，它不仅可以表现人物，同时观众还可以从人物的眼神中感知客观环境。

有一种说法是："一脸神气两眼灵，脸上无神眼不灵。"过去，演员每天白天用右食指指引两只眼珠由左到右、由上到下地反复转动若干次；晚间点一炷香，指引两只眼珠做同样的练习，以便在表演时眼睛能够灵活自如。这种外在的训练是必要的，但不应将之看作是第一位的。如果演员内心空虚、思想贫乏，那眼睛就会是空洞无物的，勉强卖弄只会适得其反。

有些关于眼睛运用的晋剧戏谚，确系经验之谈：

真把式，有本领，会创造，运眼睛；
假合味，没本领，会捏造，瞪眼睛。

又说，一个演员最起码要懂得：

七哀八哭二十四笑，
唯一门径眼上取巧；
笑中有哭哭中有笑，
恸哭不能泪珠下掉。

演员在舞台上的哭与笑，固然可以夸张，可也有所收敛，比如哭，要哭得美，最好不要流出泪来，不要痛哭流涕。因为一旦落泪，鼻涕随之而下，会使面庞上有两道泪痕。过去，有的演员演悲剧，预先将芥菜油抹在耳坠后，将要哭泣时，找机会用手把芥菜油点到眼角，眼睛一挤，立即声泪俱下，以此来糊弄观众。这种行径是弄虚作假、自欺欺人。

1957年，京剧四大名旦之一的程砚秋先生在观看山西省第二届戏曲汇演时对郭汉城先生说："戏曲演员表的是情，演的是理，好演员遇到悲恸的情节，他从内心出发，喊了一声'苦哇！'霎时悲忿交集，哀容戚戚，概不落泪，只是以手或衣袖遮面，手与眼的距离有五寸，而观众感觉他是真哭了，这叫象征手法。如果你的泪流得不容易，五排以后的观众又不会看到，岂不白流了？因而我不主张表演戏曲时流泪，电影里可以流泪，三十排的观众也能看清。"

眉。表扬某人的眉毛好看时，人们常说眉清目秀；描写美丽女子时常说，"柳叶眉，杏核眼，樱桃小嘴一点点""一双秋波，眼儿不笑眉儿笑"等等。由此可见，一个人好看与否和眉毛有着密切关系。不过，眉不好的演员可以通过修饰来弥补，可以画，可以粘假眉毛。演员们通常是按照故事情节和人物的感情来画适合于表演的眉毛，并且往往画得比原来的自然眉毛更美观，更有性格，更适于表演。

演出时，演员要对眉毛有一个恰当的控制。譬如喜时，讲究喜上眉梢，眉随眼而动；大笑时，随着眼睛往上睁，眉头上挑，有时笑至闭眼时，眉才随之而下；微笑，眉毛稍动；羞笑，眉毛微微向上，到闭眼而下；痴笑、呆笑，眉毛都不动；狂笑，眉毛连动；冷笑，眉头双皱；哭笑，眉头两边咧；微怒，眉头双蹙，有时下垂；大怒，眉毛双挑，双眉紧皱；恨怒，双眉发横，眼有时斜视，正如俗话所说的怒目横眉；愤怒至极，要双眉倒竖、怒发冲冠。

旦角在表现愉快时，可"眉飞色舞"；怒恨时，双眉直立；大怒，双眉紧皱；微怒，眉头下垂。有功夫的旦角演员，眉眼能随音乐节奏而动；音乐停止，眉眼立即定住。

口。戏曲演员在表演时，非常讲究美化人物的口形。小旦是樱桃嘴，小生是元宝嘴，花脸是四方嘴，丑角是薄片嘴，猴子是尖尖嘴，妖怪是火盆嘴。每个演员的自然口形，绝不会相同，有口大、口小和口形好坏之分。口大，化妆时嘴唇少抹红；口小，则反之。口形长得好，适合表演，固然是优点，可是不经过训练，还是达不到表演上的要求。口形长得不好，只要肯刻苦训练，善于利用各种条件，就能弥补过来，甚至还会超过口形好而不严格训练的演员。

口能表现出人物喜怒哀乐等不同情绪，不过不是单一地靠它来表现，重点还是在眼睛，当然，眼动而嘴不动，或者嘴动而眼不动，都不能把感情尽善尽美地表现出来。所以说，不管哭与笑，必须是口与眼统一运用。比如大笑时，口张开要不露牙床肌肉；痴、呆、傻等笑，要口半开，上下唇稍微用力；冷笑时，口半张，咧嘴角；苦笑时，口张大半，上唇用力，向上露齿，咧嘴角；哭笑，口必须动，而不乱动。小怒微闭嘴；大怒噘嘴；恨怒并嘴，上下唇闭紧，咬牙齿；悲哀也并嘴，上下唇略动；悲恸时，下唇向下撇；哭嚎时，张口吸气，以鼻呼吸。两个嘴角对于口形控制特别关键，上提是笑，下垂是哭，必须分清。哭笑口形，其程式并不是固定不变的，以上讲的这些，主要是为启发演员结合具体人物性格去加强相关训练，并最终能创造性地运用，而不是要求演员墨守成规，一味东施效颦。

鼻。鼻子对一个演员的扮相也很重要。过去科班吸收演员时，首先要看眼、鼻、嘴，鼓鼻梁者有先天优势。平素，人们骂奸滑之人是"鹰嘴鼻子大白脸"，说耍态度的人是"横鼻子瞪眼"，形容女子生气是"气得她鼻翅呼扇呼扇的"。可见，鼻子在表现喜怒哀乐方面也有突出贡献。鼻子究竟有哪些作用呢？演员遇到大段唱词时，用鼻子偷气、换气和吸气；在做剧烈的武打和特技表演后，不能张嘴喘气，需用鼻子呼吸，徐徐缓转，让气喘匀；微笑时，鼻翅稍动，鼻孔稍静，缓慢呼吸；冷笑时，鼻翅稍上耸，用力呼吸，作哼声或连哼声；恼怒时，鼻翅必须动，鼻孔张大，出气要粗，花脸更要一连串地发出哼声。

耳。演员的两耳非常重要，在演出中必须时刻注意听取戏曲场面的伴奏。因为无论演唱或形体动作，都在锣鼓或丝弦的节奏之中进行；与同场演员对话时，也得立耳倾听，否则便演不好。

额。即脑门，俗称额头。它在戏曲中起哪些作用呢？脑门上有皱纹，表示所扮演的是老年角色。年轻人物，偶然有额头表情，大多是额头向上一耸后即松弛下来，表示人物在思考问题或是有涵养。

颐。指眼睛下边的一部分。如果演员不能很好地控制颐部的松弛与紧张，面部肌肉就会显得发死。

各种哭、笑、怒，颐部都有不同应对。尤其表现惊恐时，颐部要颤动，大惊失色时，颐部甚至要跳动。这都是见功夫的表演。不过，具体问题还需具体分析，不能千篇一律。

颊。指颐部下边的肌肉，俗称"脸蛋儿"。它在人面部外形的塑造上，起着相当重要的作用。演员扮演人物，若本人脸部的胖瘦有妨碍，可用对颊部的控制技巧来解决，还可用化妆来补充。如《张羽煮海》中的龙王、《八仙斗白猿》中的猪龙婆、《火焰山》中的牛魔王都是颊部往两边咧；而演孙悟空时，颊部要鼓起，因为猴子爱吃东西却又不会立即全咽下去。

颔。即下巴颏。须生、花脸行当的颔被髯口盖住了，旦角、小生等行当要注意学习颔在表情达意时的作用。

牙。"樱桃口，糯米牙"是对妇女好牙齿的赞扬。坤角儿更应该讲究牙齿的美观，当然乾角儿也得讲究。演员在舞台上演唱和道白，一张口，若露出满嘴"黄牙"，就很不雅观。若要露出"龅牙"或"龃牙"，那就更难看了。

就表演而言，牙齿除了有美观作用之外，还有实用作用。如特技额部耍蛤蟆，虽主要是额头在起作用，但表演时需要演员紧咬槽牙。还有耍翎子、耍帽翅等特技，都需依凭演员咬槽牙的力量。如果演员放弃咬槽牙，即使技巧都成熟了，也肯定耍不起来。特别是演员戴着帅盔栽筋斗时，必须满口咬牙，使头上的筋绷起来，将帅盔撑得更紧，不至于掉下来。

3.身

戏曲中的身即指"身段"，为肩、背、腹、腰与四肢这几个形体部位及其运用的总称，其核心是腰的运用。

腰为人体的主干，腰立中含劲，各种舞姿才会有支点，才能刚柔相济地表现出人物的精神、气质。表现人物刚劲时，要把气灌满腰眼，好比我们平常要搬大石头时，在吸气的同时收缩腰部和腹部的肌肉，同时脊背挺拔；旦角一般来说身形较柔，腰要扭，故这时腰脊的肌肉要自然放松，也无须深吸气。演员最忌讳腰里像插了擀面杖似的——直棍子。

老艺人们在身段表演中，把人体划分为两轴三面：腰为大轴，颈为小轴，头、胸、腹为三面。演员在舞台上做形体动作时，是大轴运身、小轴运神（眼神），以两轴来支配三面。有个形象的比喻是：以腰为轴，四肢为轮，轴转轮动。所以说，腰是上下身的枢纽，人们的舞姿好坏莫不与它相关。戏谚云：

> 行走如蛇，动如狡兔，急似闪电，慢似行云，转若盘龙，翻若鹞子，轻如海燕，稳如磐石，一静一动，有姿有势。

演员若想达到上述效果，腰上必须有劲，否则是断然不成的。即使在静止的坐相中，腰也起着重要作用。比如旦角的坐相有：

> 小旦坐椅沿，正旦坐半边，
> 老旦挺随便，妖旦把膝盘。

不管任何坐法，都必须靠腰来支撑，不能泄劲。腰一泄劲，就要像黄瓜棚里抽竹竿——塌架了。

在身段表演中，演员必须遵循一定的表演规律。很重要的一个表演规律是："侧身正，正身侧。"即身侧脸正，身正脸侧。这个规律，无论是在演员的舞蹈（动作的运展）过程中还是亮相（一刹那间的静止）中，都适用。演员行走或站立，往往是侧着身子，扭头，让脸正对观众；若在走着或站着时，忽听有人一旁呼唤，便得"身正脸侧"，扭头去望。总之，所有形体动作，都要尽量避免正身表演；因为正身比较难看，侧身可以表现人的形体美。比方你表现一个窈窕淑女，腆着个肚子正走，就显得身宽，不美；若侧身走，身材就会显得苗条，看起来线条很美。

在这里有必要再讲解一下，演员在舞台上走位的规律。观察老艺人的表演可知，演员在舞台上的走位，经常是呈三角形的。如在《明公断·杀庙》中，韩琪唱着"大跑小跑进庙去"上场时，先是由上场门移步到舞台中间，然后转身到台右侧，其行动路线就是按三角形来走的。演员很多形体表演的路径都呈三角形。演员进门、亮相、出门，其路径是三角形。即使是眼睛观察外界的路径也是呈三角形的：看了左面看右面，然后再看正面。走八字步、站丁字步，这也都是三角形……总之，演员在舞台上的形体动作、走位路径，都可以用三角形来分析。我们若把演员们在舞台上的站位绘成一个图，用"○"代表演员，就会发现，演员们组成了一个梅花形，见下图：

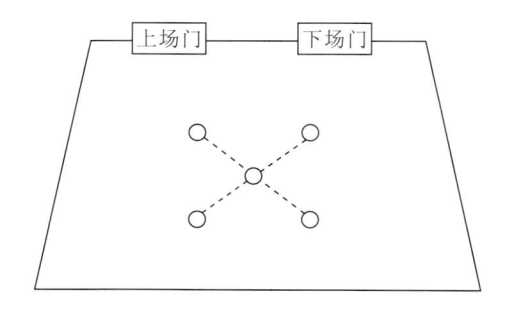

进一步分析，任一个演员都可以和与他不在同一直线上的另两个演员构成三角形。

老艺人们常说："中央成己土，没土打不起墙。"意思是说，舞台中间的位置相当重要，中间的位置要让给主演，要把一些重要的事件放在这个位置上来表演。当然，主演必须是出类拔萃的演员才能把戏演好。

小小的四方舞台，供演员表演的地方不多，为使表演圆满而充分，演员们往往是在上下、左右、前后六个方向上，欲上先下，欲左先右，欲前先后，使动作舒展自然，不受狭小空间的影响，最忌"一顺边"。比如做"手指一朵花"这个身段，要用右手去指，往往右手得先从左肩出发，手腕转动，微向下画弧线，然后再向右指；与此同时，左脚向后退半步，右脚也跟着向后退半步，这样表演，身段才会优美。

传统戏曲身段，有一个"求圆"的规律：凡身段，都要求圆起、圆行、圆止。比如跑圆场要求"行圆"，手向前指时臂要"掏手成圆"，伸指时要求"腕圆"，走台步时要求"画圆"，真是：

> 大圆套小圆，线圆落形圆；
> 动静要求圆，势势都要圆。

这些圆指的都是曲线，也就是说，演员的形体动作都要走曲线，力避走直线。这是由中国人的审美习惯所决定的，因为圆在中国文化中表示完美无缺。

俗语说：三寸气在千般用，一旦无常万事休。气就是动力，是一个人精神气质的本源所在。在身段表演中，气的运用也非常重要。一般来说，气的提沉与角色视线的高低成反比。当角色视线仰视时，气下沉丹田，以使腰态沉稳；俯视时，要提气于胸，拔气长身，以使腰态挺拔；平视时，气要提于心口，身子平稳，以使姿态微挺。

演员在平时的身段训练中，要注意练好三节，三节六合要协调。什么是三节？就是肩、肘、腕。肩为根节，肘为中节，腕为梢节。从三节的关系来看，是肩随肘转，肘随腕转，腕受手的支配。由此可见，主动权最后是在手上。何谓六合？就是手腕和脚腕合、大腿和臂膀合、肘与膝合、上身与下身合、肩与胯合、脚与头合。六合要求身体各部位相互对称，从而做到身形优美。若不如此，手无手势，胯无胯势，不成体统。

身段表演要有鲜明的节奏感。演员的形体动作都是在戏曲音乐的节奏中进行的，每个动作都必须做到家，即演员动作的饱和点要和乐队所奏音乐的饱和点碰到一块儿，才算成功。

演员在做身段动作时，内在感情和外在动作必须相一致，以使浑身都有戏。否则的话，所做的动作程式就没有生命力。

身段是表现人物感情的重要手段。每个身段动作最后都必须指向行动所追求的目的。有的演员，戏演着演着，自己就"跳出"戏了。如开打时，双方交战，胜者将败者打下场后，要耍一套枪花或刀花，这是为表现胜利者的喜悦情绪，有的演员却把它变成了毫无生气的技术卖弄，只见武艺不见人物，这就失败了。究其原因，是演员在平时练功中常脱离开所表现人物的情感，只完成其外在动作导致的。为此，名演员在练功时，总要给每个动作规定一个假设的目的。如伸拳为打中对方，翻跳为躲闪对手，破把（刀枪把子）为战胜对方等等，以便使内外一致。

弄清了剧本已确定的人物性格、人物情绪后，演员就要根据这些来选择动作。动作分主体动作与修饰动作。主体动作就是角色做一件事时必不可少的动作，修饰动作则是美化主体动作的舞蹈动作。比如旦角高兴地拍手，这拍手就是主体动作，但是光拍手还不行，它缺乏舞台上的美。为了使拍手这个主体动作美，我们就需对它进行修饰，这样就产生了修饰动作：两拇指扣于各手心，两手腕由外往里翻，牵动双手合住一块拍。再如，小姐在花园赏花，主体动作是看，可以这样看，也可以那样看；如果突然发现花丛下有个什么东西，看的对象变了，主体动作还是看，但从欣赏地看转到为判断而看，目的也变了，于是修饰动作也得跟着变。她以婀娜多姿的修饰动作，小心翼翼地走到近处观看——弄清了，原来是只小鸟在那儿窜动；她再以虚拟的动作，伸手捡一块小石头向小鸟投去。观众望着她那向高处远处看去的眼神，展开想象，马上意会到，是那只小鸟振翅扑棱棱地飞走了。

由于名演员们从理论高度明白了这些道理，便在表演实践中紧紧抓住这些东西；所以，他们无论演什么戏，总有"开花"的地方，常常博得观众啧啧赞赏。

关于身段，还有很多知识，老前辈们也有很多总结：

> 旦角要带三分奴（娇）气，三花脸要带三分猴气，二花脸要带三分怒气。
>
> 小旦要把人浪（酸）死，三花脸要把人笑死，二花脸要把人吓死。

还说：

> 文人外表松，武士外面绷，娃娃动作傻，老态显龙钟。

艺人们还常说：

> 红黑生旦丑，狮子老虎狗。

旦行怎么演？老艺人们也有总结：

> 青衣两手交，闺门目下瞧；武旦风摆柳，彩

旦手叉腰。

老艺人们说，花梆子走不好，就唱不了晋剧的小旦。晋剧小旦最基本的步法就是花梆子，练习走花梆子要靠小腿肚子处的劲。练习的时候，两腿不许合拢——这与京剧小旦练步法时两腿当中夹笤帚、夹纸片的方法不一样。晋剧小旦走花梆子，两腿不能碰在一起，走起来除了腿肚子用劲外，脚后跟也要吃住劲。往前走的时候，先将脚跟落地，脚掌随着踩平；走退步的时候，先将脚掌落地，脚跟随着放平。这样，身子总保持平着。腰要活，上身要平，两肩放松，不要拿劲，讲究"溜肩"，不要挺胸缩肚，眼神要专注，手要摆起来，并与腰、腿相关照；这样，走起来才美观。

不只小旦走花梆子，彩旦、丫鬟、彩女也走花梆子。《拾玉镯》《表花》《明月珠》《藏舟》中的小旦，走不好花梆子，戏就演不出来。刀马旦也得走好花梆子，戏才演得好。刀马旦一出场，要使观众看见其身子像一条线似的，走起台步来，要小腿肚子使劲，不许满腿使劲，身上要平，不许乱摆。作为演员，光懂这些道理是不行的，还要刻苦地去练，不下工夫出不来好把式。当然，演戏更重要的是懂得戏理，不懂得戏理，有功夫也不行。

旦角在表演上有许多注意事项。如：

看人的方法。小旦不能直着眼看人，要斜着点眼珠看，但也要分什么戏、什么人，丫鬟看人与小姐看人不能使一样的眼神。

上下楼的姿势。上下楼时，手既不能抬得过高，也不许放得过低，因为楼梯的扶手是有一定高度的。上下的步子，一般讲是"上七下八"，但表演起来差不多都走十二三步楼梯，这并不碍事。应当注意的是，上楼时一定要表现出来是抬脚在上楼，不能稍微一抬脚，后跟往前一踢就代表已上楼了——那样楼梯会磕着你的脚，下楼时也要一层一层地往下走。但上楼时身子要往前探着一点，下楼时身子要往后仰着一点，这样观众就分得出角色是在上楼还是下楼了。总的要求是这样，但表演起来，还是要因身份、年龄、性格的不同而有区别。比如《表花》一戏中，黄桂英（小姐）的上楼动作与梅英（丫鬟）的就不能一样。黄是千金小姐，大门不出，二门不迈，上楼梯的样子，自然是很小心地一层层地上去；等上去后，手稍微地往旁边一撇，跟着收回来，用手背擦一擦脑门上的汗，表示劳累了一些。梅英就不然，她的身份是丫鬟，一天东跑西跳的，性格上也不如小姐稳，还带着几分孩子气，上楼的动作就要比小姐快；等上完楼梯后，要使个闪腰的身段，把身子往后一撇，表示上得急了，差一些闪下来。这样一来，两个人各自的身份、年龄、性格就全表现出来了，动作也不重复。

卷帘子、揭帘子、放帘子的姿势。表现这一类的动作，既要求真，又要求美观。最主要的是，要让观众真切地感受到帘子的存在——它的位置、它的状态，不能让这虚拟的帘子把人弄糊涂了。晋剧《宋巧姣拜府》中有正旦表演的揭帘子身段：当她右手把帘子揭起来后，左侧一个斜身动作，身子进得屋去，然后右手放下帘子。虽然全是虚拟动作，却叫人看着和真事一样，非常美观。如果是用右手揭帘子，再从右边往屋里迈步，那帘子就会碰到你的脸上，动作上就别扭了。做卷帘进屋的动作，要先将帘子卷起，然后用左手托住，再递与右手，转身进屋，再将帘子徐徐放下。

此外，一般表演卷帘子动作之前，大半有一段用扇子卷手绢，然后衔在嘴内的身段表演。有的演员在离帘子老远的地方就把手绢用扇子卷起来衔在嘴里了，好像她早就在做卷帘子的准备似的，这样既不合理又不美观；应当是走到帘子根底下要卷帘子时，因为扇子和手绢没地方放，再表演这个动作。

开门、关门的动作。开门也好，关门也好，都应该注意需撤步，否则门会碰到身上。表演从外面倒锁门时，一定要先迈进门槛一只脚，然后再撤出来，同时做拉门的姿势，这样观众就能看出你在倒拉门扇。

我们再谈谈山膀怎么拉。

膀子高低，各行不同：花脸过头，老生齐眉，须生过膀，小生拉平，旦角齐乳。其要领也各异：花脸要撑，须生要弓，小生要紧，旦角要松。

再讲讲武功的训练。晋剧演员练功，一般都练顶功、虎跳、旋子、蹍子、踢腿、跑圆场等。其中最基本的是顶功。因为"头"为一身之主宰，脚为一身之起根。内练一口气，外练一身皮。练顶功要注意练三提功，即提手心、提脚心、提肛。练时手要弓起，脚心要弓起，手臂要放正，使血管通而顺畅。

骑马、坐轿的走法，切记不能以年龄老幼、身体状况而论。因为你老了，或你身体有状况，但马不老也无毛病，抬轿子的也一样。等你下马、下轿后，再按不同的年龄、身体状况走步法才对。

这里有一个梨园掌故很能说明问题。山陕梆子名角郭宝臣有一次在西安演出《三搜府》，他饰演施公丑角。海报一出，群众争相购票，剧场爆满。戏开演了，轮他出场时，轿夫打着两面轿旗，他在轿内大摇大摆地"走"着，台下观众便交头接耳，窃窃私语："就这还是个角儿，谁不知道施不全是个跛子呢？"等走到九龙口，人役喊："下轿！"宝臣出轿，活灵活现地表演出跛子动作，登时台下齐声叫好。

戏曲的身段，一种是以演员自身的形体动作来表现人物的情绪；另一种则是借助体外之物，如道具、化妆和服装来体现。下面再结合特技来谈谈。

①翎子功

翎子，即雉尾。晋剧老艺人说，翎子有活翎与死翎两种。活翎，指翎子是从活雉鸡尾上拔下的，其弹性、韧性强，任人掏涮也不易折断；死翎，指翎子是从死雉鸡尾上拔下的。雉鸡死后，血液凝固，其翎容易折损。行家挑翎时，往往从翎梢捋到翎根，使其花朵散开（翎子一节称为一朵花）片刻，花朵自行复合，即为活翎；否则，即为死翎，不宜采用。

插翎子是有讲究的。究竟什么人需要插翎子，什么人不需要插翎子呢？一般来说，在晋剧中，凡插翎者都是历史上的王、侯、大将、都督之类，平民百姓概不插翎。

晋剧的红、黑、生、旦、丑中都有插翎子的角色。各行当有各行当的翎子功，尤以小生翎子功的难度为最。所以，凡唱《凤仪亭》《黄鹤楼》《射戟》等戏的小生，都必须会耍各种翎子；否则，观众就不买账。

过去，晋剧艺坛上，有"七尺翎子九尺幡"的说法。现在舞台上实际用的翎子，翎管长二十三厘米，系钢丝缠成；翎签长十厘米，缠丝后，外露五厘米，外面交叉装以红、白或粉、紫、绿、黄各色生丝翎花。翎身长一点七米，翎子全长一点九三米。演出时，将翎子插入紫金冠码子内即可。

晋剧翎子的舞台技巧，分为扳翎子和耍翎子两类。扳翎子，也叫掏翎子，是演员用手直接掏绾翎子，同时配合身段进行表演。这种表演，难度较小，是一般演员必备的基本程式性表演技巧。耍翎子，指演员不借助手的操作，单以头上的劲道来控制和支配翎子，使它产生各种花样或呈现特定的姿态。这种技巧比较复杂，非一般演员可掌握，是翎子表演艺术中的精华。这两种技巧合在一起，形成"翎子语言"，可用于表现人物丰富多彩的内心世界。

先谈扳翎子。扳翎子有颤翎、扳翎、掏翎、叉翎、反扳翎、搅翎、衔翎、发翎、拈翎、架翎、绾翎、画翎、抹翎等十三种。

颤翎。双手拇指左右扶盔头，中指分别去触左右翎足，不断地快速压、放，使翎子有节奏地颤动起来，以表现剧中人羞愤、气恼的感情。

扳翎。用双手食指各钩住一翎足，就翎外侧顺势向上理，再朝前钩下，至翎身三分之二处，伸中指并食指夹住翎杆，翻手扳翎，可左扳，可右扳，也可左右齐扳，此为扳翎。多用于亮相，或做观望前的预备动作。

掏翎。双手按住翎管，顺翎向前抹下，至其三分之二处，以食指和中指夹翎外侧，双手向里绕，从翎身下同时掏过，此为双掏翎。若左、右手分先后掏翎，即为单掏翎，称之左掏翎或者右掏翎。此动作一般作亮相用，多用来表现观望状态或愤怒、怨恨的情绪。如《黄逼宫》中，姬寤生因父王被害，二弟即位，怒发冲冠，杀进宫去。在〔豹子头〕的锣鼓声中，他背身上场，至九龙口处，兵士喊："下车。"其跺脚，甩靠旗，走到台中，左腿勾脚尖倒提，双手抱头，气愤地颤翎；眼盯手捧玉带王冠跪地的太监，单腿后退，而后，跺步落地，扳翎亮相；再抽剑上前欲杀太监，又想到杀了他们也不管用，便用力插剑回鞘，止步，双掏翎，呈"大鹏展翅"状，再叉翎，怒指太监。

叉翎。左手抓右翎，右手抓左翎，使两翎相互交叉，谓之叉翎。此动作多用于性格毛躁人物的亮相。如蒲剧《闹天宫》中由名丑谭小秃所饰之孙悟空，被封官加冕时一个叉翎亮相，令人难忘，时人称他为"如活猴"。

反扳翎。头向前猛闪，同时含胸，双手掌心朝外，急速、准确地抓住翎子，此谓反扳翎，多用于表现气急败坏的情绪或凶猛残酷之人。如蒲剧赵城黑厮班的二花脸赵银饰《金沙滩》中的天庆王时，即用此技来表现天庆王的气急败坏与凶狠。

搅翎。双手扳翎，复将两只翎尾抄于胸前，随锣鼓节奏，将双翎翎尖对错相搅，可慢可快。慢搅，埋头，表示剧中人正处于思考或焦虑之中。如蒲剧演员袁金奎表演他的拿手戏《烈火旗·拜寿闻惊》时，所饰狄青在思索是否出阵与南天印交战时就用到这个动作。快搅，可表现出剧中人急切思索的样子。如《凤仪亭》中，貂蝉用言语激吕布，乞其"怜而救之"，吕布退步急急搅翎。

衔翎。扳翎后翻手将翎尾送入口中衔住，即为衔翎。既可单衔，也可双衔。双衔，在衔入前将双翎翎梢交叉，咬住其交叉处，翎梢外露十厘米，故此亦名咬翎。如《铁笼山》中，杜后欲以金马鞭弹压铁木耳，铁木耳怒衔单翎，剑半出鞘，切齿怒视杜后；铁木耳闻报"拿下四贼"时，怒衔双翎。如果出于表现人物性格的需要，要将被衔住的双翎分先后放掉，那么，在衔翎时，应分别用牙、唇咬住左右翎子。放翎时，先松嘴唇，放掉后衔的那一根，然后再松牙关，放掉另一根。

发翎。将翎尖拈至体前，使翎杆弯曲而具弹性，至特定姿势时，松指放翎——发还原来的上立状态。可单发，也可双发。单发，拈单翎弹发，多用于调情、挑逗环节。如《凤仪亭》中，吕布见貂蝉貌美，弹发单翎，以翎尾戏扫貂蝉面庞。双发，将双翎扳下后，并于一手拈住，同时齐发。此多为将帅阅兵、观阵势之后的程式性结束动作。

拈翎。有文武之分。文拈，左右手先后抄至翎后，全掌松握翎杆，顺势前理，至翎子约三分之二处，用拇指和食指拈住翎杆，两臂对称分开，亮相。此动作多用于有气派的亮相，如《黄鹤楼》中周瑜的上场亮相。武拈，方法同文拈，只是速度加快。亮相时，双目远眺，复左右照看；然后将左翎交右手，右手并拈双翎，再次照看后将翎子发还。此动作多用于人物得意之时或阅兵之时。

架翎。扳双翎至胸前，架定后，分手亮相。此动作多用于坐帐、点将、闻报等程式性表演。

绾翎。两手分别松握双翎根部，顺势朝前理下，至翎子约三分之二处，用拇指和食指拈住翎子，转以中指和食指夹住，翻手绾翎，复以小指绕过翎杆，用无名指钩压翎腰，使翎尾自然上翘；同时，分手亮相。亮相后，回绾，放翎。此动作多用于武将上场时的亮相。

画翎。双手扳翎，夹翎抖动，同时在胸前左右交替画圈。此动作多用于表现剧中人"怎样处理""如何是好"一类的思考。

抹翎。以双手或马鞭、枪等道具，从翎足开始顺翎向前抹。此动作多用于表现整理翎子的情景，或只为辅助性动作。

除此而外，通过演员的各种身段，用扳翎子尚可表演出不少名堂来。如旦角的望月、抱月、托月、探月、拨云、登临、拖腮、卧云、单鞭、望云等。

耍翎子的种类也甚多，有对尖花、太极图花、闪翎、双抖翎、压翎、缠腰打灯花等。

对尖花。以脆力反复大摆头，力聚后脑，肌肉收紧，速度由慢而快，左右翎子随即挺成弧形而使翎尖相对。此动作多用于试冠。如《辕门射戟》中，吕布射戟前的试冠。

太极图花。埋头，欠身，颈放松，连续绾颈，使双翎绕成小圈，然后于原绕方向陡然反向回力，翎尾自然形成"S"形。此式用于翎花间的转换。

闪翎。闪翎又可细分为三种：身朝前，手背后，身体重量托于一脚，另一脚提离地面或触地搭力，负重之脚的膝关节连续屈伸，使双翎上下闪动而对称起浪，谓之双浪花；以同样的方式，身体有节奏地前倾后仰，双翎则成对称的圆浪，谓之画浪花；还以同法，头向左右来回偏动，双翎便左右闪浪，谓之左右浪花。这三种闪翎均用于表现气度厚重人物的喜悦情绪。如《群英会》中，周瑜在战船上迎接乡友蒋干，喜悦发笑时用之。

双抖翎。正头，咬槽牙，耳根用力，头顶快速点动，使双翎颤抖起浪。此动作多用于表现气愤、惊讶等情绪。如《回荆州》中，众军哄笑"周郎妙计安天下，赔了夫人又折兵"，周瑜只有气得"双抖翎"。

压翎。以所执把子或马鞭、宝剑等道具，抄脑后，将双翎朝前压下，顺势扬头，双翎自然弹起，此为压翎，其下一般接扳翎子。如《芦花荡·困荡》中，周瑜"一马杀进芦花荡"后，勒马压翎，查看阵势、地形。

缠腰打灯花等综合性耍翎花样。梆子戏《凤仪亭·小宴》中人物吕布，在剧中集中地为观众展示了耍翎子的诸多花样。我们借此剧进行一个讲解。吕布的紫金冠上插着翎子，他先是摆翎子，虚拟地扫拂王允客厅墙上所挂诗画的尘土，继而观之。接着，王允有意让貂蝉与吕布相见。吕布目送王允远去时，使双翎颤抖，沿"8"字形回环绕动，上下对称，产生环形波浪，名为耍拐把花。王允已去，吕布窃喜，以为可以亲近貂蝉，他双手扳翎，复将两只翎尾抄于胸前，随着锣鼓节奏将双翎翎尖相对、相错，并扬起头得意地慢搅双翎。紧接着，左偏头，左边的翎子向左侧偏垂，右边的翎子由后向左绕一大圈，绕至正前方时，以脆力挑颈，翎子随之挑起；然后，右偏头，以相反的方向，挑动左边的翎子。如此左右循环地耍单挑花。继之，以耍拐把花的方式使翎子绕成"∞"字形，即耍横拐把花。吕布反复地观赏貂蝉的姿容，他被美似天仙的貂蝉吸引住了，为表现他既惊喜交集又目瞪口呆的样子，先是左翎纹丝不动，右翎徐徐单竖起来，直到笔直；然后反之，右翎一点不动，左翎缓缓单竖起来；最后，双翎同时硬竖起来。此式名为"燕儿钻天"，表示吕布已是春心荡漾。随后，吕布与貂蝉亲密地交谈起来。他在说"君子好逑"的"逑"字时，将翎子由后向前大甄一圈，其间，翎尾从貂蝉鼻下唇上蓦地扫过，再顺着劲儿绕划到自己的鼻前，他猛然陶醉地吸气一闻——观众一目了然，吕布是在闻香涉艳。再进一步，吕布向貂蝉求婚。此刻，王允在厢外窃听，貂蝉佯说："我父不从，奴愿许亲。"王允咳嗽一声，悄然而下。吕布为之一惊，自知失礼，即刻佯装酒醉呕吐，身子东倒西歪。他又耍了个凤凰双展翅翎子，将双翎自然分开——示意貂蝉，分头行动，观察动静。厢外未见人影，吕布心花怒放，站定台中，狂喜不已地大甩起翎子来，达到高潮时，突然以头滚肩，身子呈坐马式，使翎子由左向右缠腰大甄一圈，以收时的脆劲熟练而准确地打掉台右前方柱上所吊油碗灯的灯花；然后，以相反的方向，如法炮制，打掉台左前方柱上所吊油碗灯的灯花，而后，把翎子往上一挑。这两个名为"缠腰打灯花"的一刹那间的甩翎子动作，总能博得观众雷鸣般的掌声，乃技中之绝，妙不可言。

表演翎子功有个注意事项，演员化妆时头网子千万不能把脑后筋勒住，如果网子戴得靠下，把脑后筋勒住了，劲儿就上不来，那就不能够耍了。

表演翎子"一个上，一个下""两处分开"等技巧，也有诀窍，就是在上场前将翎尖上点一滴如火柴头大小的锡珠，这样翎尖就有了重量，容易使唤了；否则，脖子上的劲儿是很难使到翎尖上的。表演翎子功时，不仅要咬槽牙、脑后筋用劲儿，更重要的是要"撤腿"，腿往后微微地一撤，上身的劲儿就能运起来，翎子就能跟着往上起。

至于"缠腰打灯花"，为避免打灯花时烧坏翎子，上场前可用湿毛巾将翎子抹一下。

除去功夫技巧外，翎子管的材质也在其中起作用。过去耍翎子，非用黄铜制的翎管不可。

关于扳翎子，也有窍门。在手扳的时候，翎子在什么地方，心里要有数。手上去时，头微偏一下，紧贴着耳根往上找，找到之后，由下往上捋，等到手臂伸平了才能弯，不然可能会将翎子扳断。

扳、耍翎子，眼神要随翎子尖走，脸上方能有戏，特别是要根据剧中人物感情的需要，紧密地配合音乐节奏进行，这样才能收到形神兼备的艺术效果。

练习翎子功是非常辛苦的。翎子主要由人体颈部来支配，翎子功的练习主要是对颈力的练习，要逐项练习。大点头（慢速）、小点头（快速）、大小点头（由慢而快）；左偏头、右偏头、左右偏头；左绾颈、右绾颈、左右绾颈（绾颈用柔劲，回转瞬间用脆劲）；左扭头、右扭头、左右扭头（全用脆力）……颈力要练到能刚能柔、刚柔相济、能大能小、收发自如、随心所欲的地步，然后再插翎练功。

插翎练习，一般有对镜、对影、打墙三种方式。

对镜练习。在大镜子前，或扳或耍，直接从镜子里观察动作的准确性，试出正确的劲道，以获得预期的效果。不过，因很多班社或演员没有大镜子，而一般家用的穿衣镜面积又太小，无法看到翎花的全貌，故可采用下面的方法练习。

对影练习。晋剧艺人们采取了"弄影看"的办法来练翎子。他们在晚上背向月光或灯光插翎，对地或对壁弄影，且弄且看，根据影像来纠正失误，提高技巧。

打墙练习，是专练打翎的方法。练法是：预先在墙上选定一个适当的部位，画一记号，而后把练功翎子插上，翎尾饱蘸墨水，找准墙上标号位置，按照前述"缠腰打灯花"的方式，用翎尖打过去，根据墙上遗留的墨迹来检验打翎的准确性。开始，可做左、右单翎练习，练到有一定把握时，就可以左右开弓连续甩打了。

②水袖功

水袖是缝在戏装蟒袍、官衣、开氅、褶子和帔等长衣袖口上的一段长的白绸，一般长一尺七寸；特制的以杭纺质料为佳，宽一尺九寸，长三尺。因其舞动起来犹如水波荡漾而得名。水袖功是指演员以水袖的多种花样，表达剧中人各种思想感情的功夫。它是戏曲表演的基本功之一，男女角色皆用。

晋剧水袖功的技巧有：拾袖、投袖、抖袖、搭袖、出袖、抽袖、挑袖、抓袖、打袖、甩袖、扬袖、转袖、绕袖、背袖、托袖、摆袖、冲袖、飞袖、翻袖以及云手袖、团花袖、波浪袖、涟漪袖、年轮袖、托塔袖、单摆转盘袖等。《打神告庙》中用到多种水袖功：

单摆转盘袖。剧中人敫桂英侧身将右袖搭在膀的两侧，再靠腕力使其旋转起来，最后，以腕力快速正绕的劲儿，形成转盘袖；以此表现敫桂英在受到打击，思想进行了激烈斗争后，决定去海神庙与海神对质的情形。

正侧重叠转盘袖。以双手腕力在身前和两侧，同时连贯地往外往里将双袖连续转动，形成叠袖；最后，同时在面前将双袖向里快速旋转，形成转盘袖。敫桂英用此来表现自己求海神作证无应，猛然发现判官后，忽又生出寄希望于判官的念头，她边呼唤"判官爷呀"边耍水袖，梦想让他来解救自己于危难和痛苦之中。

直冲展翅飞卷袖。敫桂英在说完"难道我敫桂英就应该受人的欺骗不成"后，面向台里，左腿前探，同时，向后躺身，并将双袖由上向后抛向台前，随即收腿、蹲身，并使双袖在两侧似波浪翻卷般向前滚动，最后猛然起身，且使双袖同时从胸前直冲上天，继而左转身，叉腿张臂，向前亮相。敫桂英以此表现自己的一腔愤恨以及坚决与封建势力进行斗争的决心。

③扇子功

在戏曲舞台上，扇子是一种重要道具。用扇的最高境界是：拿扇如无扇，用扇不见扇。扇子的开、合、耍、用、舞，都离不开手腕上的功夫。

用扇有什么技巧？敬恭挽开扇，微笑转关扇；鞭式手洒扇，心悦指顶扇；摇凉掌风扇，扬尘掩面扇；窃听假顾扇，惧见遮羞扇；望高手翻扇，回翻手背扇；乐极手抛扇，接物手端扇；不与隔绝扇，潇洒手摇扇；拿烛避风扇，看物凤尾扇；炎日遮阳扇，旋风燕翅扇；理带左摊扇，抛带右摊扇；寻人遥望扇，俯视背剑扇；单坐手提扇，倒抛翻转扇；追蝶风摆扇，上翻扑蝶扇；下翻香施扇，赶步手背扇。

扇子的作用有二。一是表示人物身份，扇子是帝王将相、皇后贵妃、员外达官、才子佳人、地主恶霸、少爷公子等上层有钱有势人物的摆阔玩弄之物。一般劳动阶层的人物，如《庆顶珠》的撑船人、《武家坡》的王宝钏，即使天气炎热，亦只能以巾拭汗，不能滥用扇子，否则会破坏剧情。二是可通过扇子的不同扇法，来刻画人物形象，表达人物感情。一般来说，晋剧红、黑、生、旦、丑各行当角色在用扇手法上的差异是：须生扇肚，表示举止稳重，文雅大方；花脸扇臀，表示英雄好汉，粗犷鲁莽；小生伸臂（弧形）远扇，表示游山玩水，有闲情逸致。

除此之外，还讲究耍扇。耍扇子可以用来表现人物的俏皮，有两种姿势，都属特技：单手过五关，指扇子在五个指头之间打转；双手绞扇子，指可分别用左右两手的二指旋转扇子。

旦角多半使团扇，扇胸前，显得娇娆娉婷；青衣庄重，除《打金枝》中的皇后一类人物外，一般少用扇子；彩旦多用雕翎扇，如《法门寺》中的刘媒婆，扇法姿势习野。丑角扇扇花（耍着花样地扇），或弯臂扇己，甚至伸臂殷勤地给别人扇，如《忠义侠》中封承东给严年扇扇。

④喷火

喷火，是判官、鬼怪等人物使用的一种特技。通过神道妖魔出没时当场变幻的情景，创造奇特的舞台气氛，以达到塑造人物形象的目的。

喷火燃料的配置相当简单，将谷糠炒黄，碾成面，以箩子箩过，再与碾好的松香面并用箩子箩过后调和即成。其中谷糠与松香的比例是1:4或1:2。表演时预先将燃料含于口中，在与对手搏斗拼杀时，于扑跌翻滚中不时将燃料喷向对手所持的火把，立即形成火彩。还可吹"搭火"，即第一口火将熄，紧接着吹第二、第三口火，火焰一次高于一次，可连续喷火五六十口，造成紧张、激烈的舞台气氛。

⑤担子功

担子功，指人物无论担水桶还是担花篮，走慢步还是跑花梆子、跳跺子、退步、换肩、转体，均不用手扶担子而平稳自如的功夫。担子功对剧中人物的塑造起很大的作用。比如在《折桂斧》中，演员挑空担子时要叫观众感到和担有实物的担子是一样的。前辈艺人说："挑空担子要做到：身上是假的，脸上是真的。"民国二十一年（1932），晋剧的"老三儿生"孟珍卿在北平出演《折桂斧》，以花甲之年扮演一个二十岁左右的樵夫，肩挑柴担，汗流满面，其一出场就赢得了观众的碰头彩。京剧大师梅兰芳称他为"小生泰斗"，并赠他扁担一条。

⑥耍雨伞

在《清风亭》中，认子的旦角周桂英，行路遇雨，便利用雨伞做了许多造型，有转伞滑走、翻身挥雨伞等技巧。

⑦梢子功

梢子功系梆子戏中男角利用头顶扎束的一绺长发（即

梢子）耍弄的技巧。梢子分平梢子、十字梢子、走马梢子等几种。技巧有甩、后扬、绾梢、缠梢和顶天铺地等。其中，最有特色的是缠梢和顶天铺地。

缠梢。即在甩平梢子后，随着锣鼓经，使梢子逐渐利用惯性自动地缠在梢子把上。

顶天铺地。即以猛一仰头和脖颈挺住的劲儿，使梢子由前向上直直竖起，形如顶天立柱；随后身微下坐，沉气塌肩，梢子便自上而下披散下来，好似落花铺地，盖满全头，故又名"一盆花"。

蒲剧老艺人黄鸿才对梢子功特别拿手。在《狸猫换太子·拷寇》中他饰陈琳，当他被逼拷打寇承御时，一边耍着棍，一边甩着梢子——棍往左耍，梢子往右甩，棍往右耍，梢子往左甩，配合上铿锵的锣鼓经，节奏非常清楚，气氛被营造得相当紧张，让观众充分地了解到他欲假戏真做、不露破绽地蒙混过关的心思。"乔七红"的梢子功也很出色。他演《煤山》中的崇祯皇帝，耍胡子，梢子不动；耍梢子，胡子不动——梢子、胡子从来没有乱过。

甩梢子时需要注意的是：一定要甩在音乐节奏里，否则便感觉没有劲；甩梢子时要平视，甩起来才能舒展；眼神要跟着梢子尖，脸上才有戏；更重要的是，身子要稳，因为身子一乱动，多好的动作也便看着不美了。艺人们总结了耍梢子的口诀：

> 上身不动脚站稳，脖子放活头搂紧。
> 仰头收颔使猛劲，松弛相交靠脖颈。

另外，演员在化妆时要注意，同耍翎子一样，头网子千万不能把脑后筋勒住；因为脑后筋一勒住，劲儿就上不来了。

⑧翅子功

翅子功，系指耍纱帽翅和相帽翅的功夫，可见于《杀驿》《舍饭》《周仁献嫂》《游龟山》等戏中。翅子功一般多用于表现回忆往昔、悲苦伤感、寻思判断、思想激烈斗争等情景。耍纱帽翅有两翅上下双甩、左翅或右翅单甩等形式，既可静场甩，也可在行进中边唱边甩。故有"走甩时，腿有弹性落脚轻；坐甩时，右腿屈，左腿伸，屁股虚坐似悬空"的操作技巧总结。耍相帽翅有双翅同上同下、搅翅（即帽翅前后转动）等形式，搅翅又有左右单搅、同时双搅、双翅"异向旋转"之分，各有其妙。不过，无论是耍纱帽翅还是耍相帽翅，皆需结合剧情与人物的特定思想情绪来耍；否则，观众只当玩意儿来看，便失去了它的意义。

⑨杠子功

杠子功是指演员在舞台一侧拴的杠子上所表演的特技。此特技多用以表现义士、侠客、大盗等人物的飞檐走壁、蹿房越脊、趴在房檐或橡头窥视等。其技巧种类繁多，如：

倒挂金钩。演员蹿到杠子上，用脚腕子倒挂住身子；继而两手在头下呈拱揖状，进行窥探，非常惊险。

大睡觉。演员正握杠子，两腿由内插杠外，引体坐至杠上；继而两手抓绳，外撑，身体后仰下垂，让杠子横在腰下；接着，双手放开，四肢伸展，使整个身子呈反弧状，犹如睡觉。

吊脸。紧接上一动作，演员两腿微屈，两臂相抱，扬头张望。

鹞子半翻身。接前面动作，演员利用腰劲，两臂向右侧伸张，当两手抓住第二个杠子的两侧后，身子猛向右翻，使整个身子朝下，杠子与脖子齐平，好似悬空俯卧一般，仰头观望。

好汉床。做完前一动作后，演员两脚放开一杠，同时双腿并紧，身往前跃，使两脚插入第三根杠内，杠子要和小腿肚上侧齐。继而，两臂用力上引，屈身，将杠子拉至头下，脖子枕在杠上，接着仰头、放手、挺胸、直腰，两臂外张，使整个身子横悬于空中，犹如睡在床上一样。

⑩耍蛤蟆

在《苟家滩·看兵书》一剧中，饰王彦章的演员画脸谱时，于额部勾一前爪搭于双眼、嘴置于眉心的蛤蟆形。耍蛤蟆，即演员利用双眼一睁一闭带动"蛤蟆"的前脚来回摆动，眉心肌肉一皱一展牵动"蛤蟆"的嘴巴一张一合等，来表现剧中人物思索、疑虑等心理活动的特技。

其具体表演可分为四部分：

一是左动、右动、合、张。所谓左动、右动，即在丝弦曲牌的两拍内完成蛤蟆左前爪和右前爪的弹动。此弹动实际是以演员眉毛和眼皮部分的肌肉快速地跳动来实现的。一般在两拍内，左、右各弹动三至五次，蛤蟆才能给人以"活"的感觉。所谓合，即蛤蟆合嘴。实际上是借演员闭眼的同时，使眉、印堂和眼皮部分的肌肉全部向下动，造成好似蛤蟆身子向前移动，同时收缩前腿合上嘴巴的效果。所谓张，即蛤蟆张口。表演完蛤蟆合嘴后，演员突然使印堂及两眉、眼皮部位的肌肉向上拉起——眼皮要用劲，两眉尽量高提，看起来好像蛤蟆张开大口，竖立张望一般。这两个动作也要求在两拍内完成。

二是右抬、左抬、张、合。右抬、左抬，即使蛤蟆抬右腿和抬左腿。需要注意的是，在第一个表演程式中的"张"的动作完成后，演员两眼要收成微睁的状态，使蛤蟆的各部保持合理的比例。这样，无论是做第一个程式动作，还是做第二个程式动作，即左、右前爪弹动，或右、左腿抬起时，都能使动作明显、清晰，避免含混不清的弊端。因此，右抬就是在保持其他部位的肌肉一律不动的情况下，只将右眼皮和右眉部位的肌肉向上猛提，使蛤蟆表现出抬右腿欲往前爬的神态。左抬，则反之。张、合同前。全部动作也要求在四拍内完成。

三是半张、半合、抬右、抬左、张、合。所谓半张，即令蛤蟆两腿不动只张嘴。实际上这是靠上提印堂部位的肌肉做到的。落下则为半合。因为这两个动作要在半拍内完成，所以要求动作迅速。其他均同前。

四是半张、半合、抬右、收右、抬左、收左、张、合。这八个动作，同样要求在四拍内完成。速度虽稍快，一拍内也必须完成两个动作。随着音乐节拍的速度转快，动作的速度也不断加快。动作由半张、合、抬双腿、收，变为半张、合的同时抬双腿，收双腿的同时半张嘴，反复数次，越快越好。最后，在特快的音乐声中，演员面部上半部的肌肉快速地上下跳动，使蛤蟆呈现出向前跃动的形态。要注意的是，速度虽快，但必须使动作节奏与音乐节奏完全吻合，只有这样才可收到好的效果。

⑪吃草

吃草特技，为《赠绨袍》一剧中须贾专用特技。在〔换头子〕的锣鼓经中，须贾将备好的一盘草，先左后右单根一咬，顿觉粗涩难咽，随即扔掉；但在范雎的威逼下，只好大把吃草，强吞硬咽，以求活命。表演时，第一把草从张开的口中插入，用牙咬住，第二把草从左方斜插入口中咬住，第三把草从右方斜插入口中咬住，遂使草散开，其形如花。与此同时，两手将剩余的草分别抓起，张臂亮相。随后在〔介板〕"锵锵锵"的锣鼓声中先左后右地扔掉草，在最后一锤"大锵"声中一口吐净，让髯口上一丝不挂，以示全部咽下。

⑫耍牙

耍牙，面目狰狞、"锯齿獠牙"的剧中人通过戏耍其"獠牙"来展示其凶残性格。此特技主要用于一些判官戏。

耍牙有耍两只的，有耍四只的，还有耍更多只的。其具体要求不外乎如下几种：两上两下、左上右下、左下右上、同出同没、左出右没、右出左没等。

耍牙者上场时，必须将牙含在口内，其要根据亮相的姿势，来变换牙的位置。正面亮相，即两上或两下；左侧面亮相，即左上右下；右侧面亮相，即右上左下。在动作完成后，可偷偷将牙取出。欲想耍好牙，必须下工夫多练，使牙在口内收吐自如，如此方能收到满意的效果。

⑬耍马鞭

马鞭这个道具在舞台上有三种用途：一是当马用，二是当马鞭用，三是当家法用。马鞭动作在舞台上作用很大，它可以辅助演员作出很多优美的姿势，同时还可传达出角色复杂的心情。

上下马动作有一般上下马和特殊上下马之分。带有共性的马式动作有：上马式、下马式、催马式、跨马式（分内跨、外跨）、搂马式、勒马式、抖马式、打马式、列马式、扬鞭式、绊马式、坐马式、卧马式。

另外，马鞭的动作还有旋转、颤动之分。这两种动作，在《观阵》里的百十来个马式中常常用到，说起来都有个来历与作用，比如：

一是表现秦琼观阵后的沉重心情，打马鞭，头颤动；二是表现秦琼见到瓦岗弟兄后的喜悦心情，手绕马鞭使其旋转；三是表现秦琼见到罗成后有了必胜的信心，借杨林手弹马鞭使其旋转，接着做"扬鞭回头马式"。

马鞭的运用有二十四字口诀：

上、下、抖、捋、蹁、左、右、斜、跨、翻、坐、掳、回、曳、拉、打、绊、扑、立、拴、引、卧、扬、攀。

⑭髯口功

髯口，是戏曲演员戴的假须，即胡子，亦称口条。用髯口来表现剧中人喜怒哀乐等内心情感的功夫，即髯口功，俗名"耍髯口"。梆子戏中的须生戏所占比重较大，又多是唱与工架并重，所以须生的三绺须表演技巧最为丰富。其花样有搂、撩、挑、推、托、摊、捋、抄、撕、捻、甩、绕、抖、吹等。

须生好把式演《芦花》，唱到"操的何心"时，用手一指旦角心口，髯口随着甩过去，正打到那里，节奏很快，表现出对她的愤慨；演《未央宫》，当陈仓女用菜刀要杀韩信的时候，韩信见刀一惊，髯口一甩，准准地散满在刀上。

要耍好髯口，主要靠头用劲，靠下颏与耳根之力，手、腰、腿要密切配合，要做到髯随身转、眼随髯行。

⑮透屁股

透屁股为梆子戏《采花》一剧专用的特技。巨盗侯上官杀姜秋莲乳娘后，逼迫秋莲跟从他，秋莲佯允。待同登悬崖峭壁，姜诱侯摘花，趁侯不备，猛推其落涧，并以石砸之。侯的双腿摔折，被石景坡救上，但石骗了钱后甩侯而去。无奈，侯只得以臀代腿，透迤回家。

表演此特技的技巧是，坐时要含胸、塌腰，身向后倾，两腿高提四十五度角，自然微屈，双脚与肩平。走时双腿外蹬，脚如刨地，靠双膀的闪劲，在音乐节奏中蹲臀前行。

晋剧演员二花脸喜儿演《采花》时，站在桌子上一纵身，在空中一个小翻，落地后用透屁股连走三圈，技艺娴熟，颇受人赞赏。

⑯吊小辫

梆子戏《盗墓》，京剧叫《盗王坟》，湘剧、徽剧叫

《盗皇坟》。剧情是：时迁掘王坟，盗男尸随葬珠宝，遇杨雄、石秀，共投梁山。另一说是宋江为准备登极之用，差时迁下山盗秦始皇墓，劫取龙袍皇冠。

早年蒲剧名武丑郝小二擅演此剧。演员头顶留一小辫，周围剃光。舞台中间翻立一四条腿朝上的单桌，再在桌内并排套搁两把椅子，桌子两旁横拴一条粗绳，绳子中间裹以布条套住演员脖子。舞台大梁上吊一条绳子拴住演员的小辫，演员两腿一蹬离地，身体腾空来回摆动，尽情耍荡——以此虚拟地表示墓很深，由高而下多次攫取。末了，从墓中背出死尸——用布套住两人的脖子，使两人面对面站立，盗墓者右臂伸入僵尸右袖，转绕尸后，伸左臂入尸左袖再绕尸前，就这样迅速敏捷地把尸体穿的七八层外袍、内衣巧妙地全穿在自己身上，令人叫绝。

⑰甩纸幡

纸幡，是山西梆子戏传统剧目《五雷阵》中孙膑的专用特技。演出时有甩五根幡的，有甩四根幡的（如蒲剧的"盖天红"王占奎就甩四根幡），有甩三根幡的，也有甩两根或一根幡的；其中，甩三根幡的名角儿较多。有些名角儿可以带着纸幡做鹞子翻身的动作，左右甩，前后甩，与梢子结合起来甩；还有在甩三根幡的同时又加上单腿跪下这一动作的，这比站着甩难度更高了。

甩纸幡的劲儿要发于腰和背。往前甩的时候，要先把身子往后仰一下，为的是把纸幡舒展开，然后再往前一甩；左右甩则和甩靠旗一样，要肩上有功夫，用抖的功，纸幡才能从头顶上过去。站着甩时，脚跟要稳；单腿跪地甩时，要手扣带（手放胸前）。

纸幡用的座子，系用双层牛皮（牛屁股两边的皮最好）特制的，形同靠旗座，但背幡杆比背旗杆粗长且木质坚硬。

纸幡实为"引魂幡"的象征和夸张。在《五雷阵》中，孙膑为引回自己被毛贲压在阴五雷阵下的灵魂，将纸幡插于背后，经过激烈战斗，终于战胜对方，将自己的灵魂引回。使用甩纸幡技巧，一者表现了孙膑必胜的信念，二者可用其去强化某一动作。如当孙膑唱到"来在阵前用目观"时，右、左、右连续横甩三下纸幡，以此代替他注目观阵的神态，显得十分威武、庄严，极大地增强了戏曲的观赏性。

晋剧界，"玉印红"在《五雷阵》的耍幡子，令人叹为观止。他在这场戏的扮相是非常奇特的：脸挂油彩，头戴梢子——其上的束发金箍缠有白孝带子，内穿箭衣、道坎肩，外罩仙道袍，腰扎大带，下有靠腿，四杆护背旗中间则插着四尺多高的一根藤杆，杆头绑着一根竹棍，竹棍上拴着一个丈五长、半尺宽的"幡子条"。这"幡子条"是用白布与麻纸裱糊而成的，底端剪成三角状。他饰演的孙膑在〔流水〕以及〔四股头〕中出场，拉架子，随着家伙点，表演"凤凰三点头"，只见那丈五长的幡子条前打、后打，打得台板"啪啪"作响。随着"玉印红"的头左摇右摆，幡子条左打右打；然后，一晃腰，那幡子条便在头上旋起来，正旋罢又反旋；接下去是"乌龙绞柱""放叉""跪步旋"。

幡子耍起来是很好看的，丈五长的白幡条占据了整个舞台的空间；特别令人赞叹的是，台上的油灯、纱灯、大蜡，一点也碰不着，这确实是硬功夫啊。

据"玉印红"自己讲，"耍幡子"有"三劲"和"三忌"。"三劲"指膀子劲、腰劲、脚劲，"三忌"指忌晃、忌僵、忌懈。

幡子"起范儿"时用的全是肩膀上的巧劲，身子不能晃；幡子条耍起来以后，腰要活，既不能使僵劲，也不能松懈；脚底下的功夫也是很要紧的，这幡子一丈五尺长，旋起来力量很大，惯性很强，如果脚底下功夫浅，就会被幡子带得摔筋斗。

在套数变化时，要顺着幡子，因势而变；不然，幡子条会与靠旗杆子或大带绞缠在一块。

"玉印红"还总结出耍幡子的"十二字诀"：

闪时轻，绕生风，带时冲，打出声。

若要耍好幡子，不狠下几年工夫是不行的。

⑱耍拐子

耍拐子，是《五雷阵》中的一项特技表演。拐子，本为孙膑受膑刑后借以助步的拐杖，由于孙膑在本剧中被神化，故而拐杖成为他的兵器，且有打掉对手道行的独特功能。

拐子为一对，三尺长，两头有两个小孔，穿过一根麻绳，绳端系有"纸袍"。这"袍"是用麻纸叠成——一张麻纸对折几次，叠成扇面状。两个拐子共用十六张麻纸。双拐舞动起来，纸袍犹如大车轮，哗哗作响、呼呼生风。

晋剧老艺人"玉印红"耍拐子无与伦比。他舞动双拐，做耍云手花，左右正花、反花、背花，又做二龙出水、下腰、搬左右朝天蹬、翻身、虎跳等名目繁多的动作花样。

拐子上纸袍的数目本不是固定的，可以多也可以少，这要看耍拐子的人的功夫。纸袍越多分量越沉，耍起来风越大，惯性也越大，费的力气自然也就大。一般人只能耍四个，耍八个就已经很了不得了，而"玉印红"能耍十六个。

拐子耍起来，有点像双刀飞舞，但它远比双刀难练：一则它是软的，全凭腕子上的功夫；二则纸袍沉，舞动开风大，难于控制；三则纸袍容易绞在一起。

耍拐子这种功夫，与其说是戏曲绝技，倒不如说更像杂技的高难动作，如果不下工夫，耍拐子这种特技是难以驾驭的。

⑲宝剑入鞘

晋剧名宿"自来香"高跟梅演《杀宫》，有一"宝剑入鞘"的绝招：东宫刘桂莲追杀西宫苏玉娥时，从上场门前台口将宝剑扔向下场门，同时"嗖、嗖、嗖"连续三个蹦子翻身掏翎，当宝剑坠下正好入鞘，然后亮相。

这一绝招难度很大：其一，扔剑时既要控制好高度又要控制好距离，还要控制好剑的速度；其二，三个蹦子翻身必须有旋风闪电般的速度，同时蹦子翻身之间的跨度要大，否则到不了下场门；其三，用鞘接剑必须有准头，不能差一丝一毫。此三者都练到火候，"宝剑"才能"入鞘"。

⑳三变脸

"豹狗子"是光绪中叶张家口国馆班的一名武生，擅长表演《武松打虎》《翠屏山》等戏。他的"喝空杯酒后三变脸"为一绝。在《武松打虎》中，武松喝空杯酒后，脸色由白变红；渐渐喝至十八大碗，醉了，脸色又由红变紫；等到景阳冈跳出老虎，他吓出了一身冷汗，酒醒，脸色"唰"地一下子由紫变白。"豹狗子"演《翠屏山》石秀酒楼借刀时，也用到"变脸"技巧。他要来大坛的酒，自斟自饮，越喝脸越红，直到酒保说："天不早了，你该走了！"这时，石秀双手扶桌子，把醉红的脸露给观众看。石秀向酒保借了一把钢刀，出店时酒保抓住他的手说："这把刀你多会给我送来呀！"石秀预备去杀裴如海，不打算回来了，酒保这话正戳在他心上。他把刀拄地，双手按住刀柄，罗帽往前一甩，再一抬头，脸由醉红变成铁青。脸由白变红，再由红变白，这是用的气功。欲变红时，要憋气，使血液上涌，脸上自然呈现红色；欲变白时，要抽气、沉气，使血液骤然下降，脸就变白了。脸变红比较容易，变白可不简单，因为血压不会一下子就能下降的，必须用一个相当长的时间来练习。现在，憋气变红脸，有的老艺人还能做到；变白脸这一手，实在是没人会了。

㉑耍火流星

火流星，是一种在绳两端系有用铁丝罩着的烧红的木炭的道具。因耍时灯暗，观众只看见两团火球快似流星，故名。流星花样有"枪花""大刀花"以及以嘴咬住绳子使火流星绕着身子的"交叉花"。

在《如意钩》一剧中，蒲剧刀马旦凤英就使用了耍火流星这一特技。这种技艺接近于杂技，很难练。过去，蒲剧的名刀马旦胡兆十耍得最好，后来杨宝善、武旦牛小顺也以此技出名。

㉒踩跷功

蒲剧早有此技。《虹霓关》《上马》《杀狗》《挂画》等戏中均用此技。此技以花旦王存才在《挂画》中的表演最为出色，故有"宁看存才挂画，不坐民国天下""误了收秋打夏，不能误了存才《挂画》"的赞语。

训练踩跷功，从拔筋开始，即将跷绑好，跪在铺盖上、席上或草堆间，身向后倒，以面朝上睡平为止。继而学走步，初拄拐杖，渐次放开。最后跑花梆子，要求胸向前倾，提臀，手为前后摆动。

《挂画》的表演需踩跷走凳：将凳子放于台右或台左侧，凳前放上印盒（代替小凳），演员经印盒上到凳子上，前后走动，并作出"金鸡独立"和"盘腿接画"的舞姿；特别是走到凳子的一端（实为凳腿铆上）做"别腿屈体挂画"的动作，情景既惊又险，人物却显得婀娜优美，最后演员轻轻一跳，经印盒着地，亦是洒脱自如、美观大方。随后的"蹿桌转体坐"更为一绝。画挂毕，含嫣欲梳头时，走到台中后方的桌前，双手从中间揭开幔子，在伴奏声中，先放右幔，再放左幔，趁劲儿将幔子向身后甩去，同时手一按桌，快速伸腿蹿过桌子，并在空中向右转体一百八十度，稳坐桌后圈椅中，逍遥自在地扇着手帕（汗巾），待幔帘徐徐落下时，拉场的将幔帘揭起，含嫣照镜整容。

接下来，表演"踩跷踢蛋"：含嫣出门急走，脚下一绊，回头看时，见是一块小石子，她娇嗔地一指，俯身捡起，在〔小五锤〕中左、右、左三看后，将石子轻抛空中，接着以右足尖在身前作势将石子踢入观众席中，然后扭身下场。

4.法

指演员在表演时的内心活动，即"心功"。它统帅手、眼、身、步，使它们按一定的规律和法则组合起来进行表演。

名演员们之所以能把每场戏都演得活灵活现，关键是由于他们演戏得"法"——取法务上，以形取神。

5.步

一般来说，旦角有十九种步法，供演员在塑造人物形象时选择运用。计有：一字步、云涌步、喜悦步、怒行步、掸尘步、端带步、告辞步、发现步、小跑步、蛇行步、船行步、蹲躜步、蹉步、搭石步、上下楼步、点拐步、跪行步、爬行步、跑场步。

每种步的操作方法及其用途是：

一字步。用后脚脚尖顶住前脚后跟走，脚抬起就落下。这个步法，是青衣与闺门旦随处皆用的，只不过有速度上的慢、中、快之分罢了。

云涌步。前脚抬起，脚跟落地，后脚尖同时挺立，前移一步；前脚跟又落地，后脚尖马上再挺立，前移一步。如此，循环往复地前行。这种步法，演员脚下没有功夫，则摇晃得走不成。它用于宫廷人物和大家闺秀。

喜悦步。半脚半脚地走，步伐特快。角色心情喜悦，腋窝似开不开，双手捏成凤头，两小臂与手腕前后摆动。此步多用于花旦。

怒行步。角色心情不悦，面部呈怒色，有时噘嘴，有时嘴里嘟嘟囔囔地说着什么，双膀甩动前行。此步花旦多用。

掸尘步。角色出远门，风尘仆仆地归来，身上有了尘上；男角抬右手，折水袖，抬左腿，以右手从左肩膀掸至脚上；抬左手，折水袖，上右腿，左手从右肩膀掸至脚上。

端带步。夫人或诰命夫人，穿戴凤冠霞帔，双手端着玉带。走的时候，左腿上，手往左面摇晃；右腿上，手往右面摇晃，走慢一字步。《玉蝉泪》中，曹芳儿听说弟弟沈梦霞中状元回来，自己便兴奋地梳妆，假扮成状元夫人的样子戏耍起来时就用了这种步法。

告辞步。中国古代男女授受不亲，即使是亲哥热妹，十岁以上就不准男女的手互碰一下，外人则更不准了。只有女性可以互相接触。旦角告辞时，先抬右脚，勾脚，并以脚跟先、脚掌后的方式落地，然后左脚以同样的方式向前迈步；与此同时，伸左手向对方招手，并走到剧情所需的舞台位置。

发现步。一个大家闺秀溜了一眼相公，发现相公很漂亮，就情不自禁地又要偷看，二人相互之间暗送秋波，产生爱慕之心。此时，大家闺秀的脚已不由得踩出去了。只见她两肘抬平，斜身，以少半个脚少半个脚地往前踢，此即为发现步。《满盘错》中，林如颦思念相公宋如玉心切，一人在绣房就仿佛是看见了宋如玉似的，不由得就走出了这种步法。

小跑步。此步喜、怒有别。喜者全身松弛，手腕靠近乳房转小圈儿，脚底下是似跑非跑的范儿；怒者则光是两手靠近乳房画小圈儿。如在《姐妹皇后》中，妹妹玉莲与姐姐金莲在花园玩耍，她说姐姐有心思，姐姐举手打她时，她就在"哈哈"的笑声中，使用了这种步法。

蛇行步。每步只走三厘米左右，却速度极快，就像一条长虫在飞快地蠕动。清早练此步也能练出几身汗。旦角往往把它忽略了。这种步法难学，百分之九十的人做不规范；以至到非用不可时，只好来假的，硬着头皮瞎跑，当然也就跑不成个样儿了。《姐妹皇后》中，玉莲在花园扑蝶时，随着花蝴蝶的飞舞而跑动，就用的是此步法。

船行步。两腿靠拢，双脚呈八字形站好。移动时双脚不离地，两脚尖先分开，两脚后跟靠拢，两脚后跟再分开，两脚尖再靠拢，始终保持正反八字形。人在船上用此步，好像不是人在走，而是船在行。用此步时，速度必须特快，臀部不准甩动。《杜十娘》中，杜十娘在"行舟"一场就用了这种步法。

蹲蹲步。脚尖双立，前行后退，要特快，表现从山坡上往下滑时用此步。

蹉步。两脚双立，前蹉、后蹉、左蹉、右蹉，走起来两个小腿肚憋得很紧。《姐妹皇后》中，玉莲在花园中与姐姐金莲开玩笑时，姐姐追着打她，她就用此种步法左躲右闪、前扑后退。

搭石步。用以表现女人过小河时的提心吊胆样。抬左腿，不超过腰部，双手上下像鸟的翅膀一样摆动，以保持平衡，想扶却没有扶的地方，前后左右摇晃，看起来快掉到水里了；其实，脚下好像铁钉钉在木板上一样稳固，其力在脚后跟上。《白毛女》中，喜儿逃出黄家，黄世仁带家丁尾随追赶，喜儿没命地连唱带跑，遇到了小溪，即用此步法搭石过河，继续逃跑。

上下楼步。上、下楼时，均是左腿为一，右腿为二。上楼时，左脚尖挺立，右脚伸起，右脚落台阶；右脚尖挺立，左腿伸起，左脚落台阶。以此循环，反复而上。上到中间，脚步滑脱了，立不住，赶紧手扶栏杆。回头看楼下，吓得出了一头冷汗，以无名指弹去额头汗珠，提气，再上楼。上到最高层，闪腰，转身进楼。办完事了，下楼。要切记，上几级就下几级；否则就要挨观众的骂。脚尖先落台阶，脚跟接着下。下得稍急了一点，脚下站不稳，像要倒的样子，右手想扶地，左手在后头扬起，好不容易才稳住，没有跌倒。脚下站不稳时，其内心活动是：

"呀，摔倒啦！"待稳住了，又觉非常好笑。继续往下走，下到地上，来一个大闪腰。如果是闺门旦，用中速的节奏一下一下地上、下楼；若是花旦，就不同了，因为她成天价跑前跑后地伺候人，嫌麻烦，就先慢后快地上、下楼。她上楼时，像往上跳似的，跑惯了，看起来很自如。

点拐步。左腿因伤疼痛，走不动了，左脚尖刚一落地，右腿也马上随着落地。行走时，两手、两膀前后摇晃。学这种步法时，演员要在实际生活中观察腿部受伤者的动作，以增加感性认识。《费姐》中，费姐的哥哥接费姐回娘家时，让她骑驴，她因受责打之后臀部疼痛不能去骑，只好步行，于是就走出了十分精彩的点拐步。

跪行步。双膝跪下，两脚尖平放于地面，快速地跪行。《劈山救母》中，灵芝受三圣母的委托，从华山下抱走婴儿，后被二郎杨戬知晓，拷问责打，逼其交出婴儿时，她就用跪行步来表演。

爬行步。一种是用双手前后撑地，双脚前后蹬地，向前爬行；另一种是一条胳膊用肘撑地，另一只手扬起呼救，一腿弯曲，一腿向后蹬地爬行。《白毛女》中，喜儿在山中将临盆，突然发现有狼，惊恐欲跑，却又肚疼得跑不动，无奈，只好以爬行步前行。

跑场步。即跑圆场。跑起来必须上身提气，裆筋夹紧，两腿靠拢，不能高抬脚或迈大步，不然就会影响上身。脚只用外半个脚，侧着跑，不能翘脚尖，这样就会避免"咚咚"的响声，使双脚的起落具有弹性。跑圆场，表现事情不急用慢速，事情比较重要用中速，事情特急，像马上就要开刀问斩，就用快速。晋剧"四大名旦"之一王玉山因跑圆场跑得好，得艺名"水上漂"；还有"草上飞"三蛮旦，也是由于跑圆场像蛇在草上飞似的，相当美观，而得此名。尚有山西省晋剧院四大头牌丁果仙、牛桂英、郭凤英和冀美莲，跑圆场相当漂亮，像燕子绕地飞行似的。他们的共同特点是：跑起来，脚在走，步伐特小特快特平，无论慢、中、快速，都能像蜻蜓点水般一下过去，脚上哪一点挨住地也能跑。这一点是很难得的。

三　七哀八哭二十四笑

晋剧老艺人从实践中总结出了"七哀八哭二十四笑"的表演理论。

1.七哀

何谓哀？哭不出来谓之哀。

冷哀。如《周仁献嫂》中，周仁在严年威逼之下，采取以羊易牛之法，将自己的妻子冒顶杜文学的夫人，送到严府。其妻刺严未遂，自刎而死；周仁欲哭而不敢，只有冷哀而已。

热哀。如《祭桩》中，王桂英前来杀场祭奠未婚夫林昭德：心中热火一团，哀气满腔，为夫梳束已毕，哀哀一祭，在刽子手的驱逐下，含泪而去。

悲哀。如《六月雪》中，窦娥遭了不白之冤，被绑赴刑场，见婆母来祭，自知将含冤而死，悲哀至极。

喜哀。如《十五贯》中，熊友兰被瘟官过于执屈判死刑。即将施刑，赖清官况钟勘冤，案情大白，为之昭雪，并与苏女匹配，即是喜哀。

虚哀。如《打路》中，黄桂英逃出府来，前往杀场祭奠未婚夫李彦贵，中途偏遇婆母。相询之下，婆母以为桂英父女定计陷害其子，不容分说，把桂英按倒一顿饱打。事后，方知误会。此即是虚哀。

背哀。如《杀驿》中，吴承恩闻听京解道出恩人王彦承即将被害，噙泪背身，即是背哀。

气哀。如《激友》中，苏秦落魄，来投知交张仪。张故意激之，冷言冷语，苏又气又悲，此即是气哀。

2.八哭

抿嘴哭。如《二度梅》中，翠环乃是陈杏元的使女，当陈杏元思念梅良玉"墙上题诗句句句可疑"，翠环一旁细听，会意地抿嘴而哭，并搭起腔来："莫不是为爱人故在着急。"

张口哭。如《斩单通》中，单通被尉迟恭擒获，李世民等劝降不成，决意斩之。徐茂公等设香案同祭，程咬金含泪云："五哥受弟一拜！"单通被斩，咬金张口放声大哭。

瞪眼哭。如《清风亭》中，张元秀眼看养子被其亲娘认走，叫了一声"姣儿呐！"一面瞪着眼睛朝儿子望去，一面恸哭。

阖眼哭。如《阳河摘印》中，薛猛交印后，眼也不待睁地问张龙："众将已走，你为何不去！"张龙答："我还要侍奉你这有才的大人！"薛猛眼虽阖着却哭道："中军哥呐……你速快前去吧！"

鼻腔哭。如《牧羊卷·舍饭》中，赵景棠在〔滚白〕的唱腔中，叙述一日三餐未曾一用的苦情。由于口在唱，只能从鼻腔中吐出悲音。

正面哭。如《西厢记·赖婚》中，崔莺莺遵照母命给张生递酒时，不由得掩面而泣。

半面哭。如《穆桂英挂帅》中，穆桂英要斩杨文广。杨宗保在旁，眼见亲子要被斩首，十分恐慌；但见妻子如此恼怒，又不敢求情，只好半面凄然落泪。

背面哭。如《杜十娘》中，杜十娘见李甲跪倒，心中顿起一团怒火，又气又恨，更想自己不能识人，再也不愿望他半眼，就背过身来暗泣。

3.二十四笑

大笑。人如遇到痛快的事情、适意的场合，听到美好的消息或有趣的笑料，得到可乐的物件或有益的机会，必然会情不自禁地捧腹大笑。一般来说，大笑时两眼先睁后合，正如俗话所说："乐得眼睛都睁不开了。"笑声要大而长，不过也有短的时候。如《跑城》的徐策，当他看到薛猛率领大军一拥而来，顿时"哈哈哈哈"地笑逐颜开，落音渐低。再如《梵王宫》中的含嫣，自见到华云之后，不时笑逐颜开，及至"挂画"时，闻听丫鬟报道："花轿到门。"越发"喜"从中来，大笑一声，又急忙左顾右盼，然后才用拍双手代替大喜大笑。

微笑。无意之中碰到一桩奇事，心中窃喜又觉惊讶。如《白蛇传》中的许仙，游西湖初遇白素贞，二人见面，彼此目光相对的一刹那，都微微一笑。这种笑皆不出声。

怒笑。指怒极而引起的笑。先是一再控制心中的怒气，双眼圆睁，紧盯对方，然后忽然勉强一笑。其笑的后音归鼻，由鼻腔发出一种轻蔑之音。如《黄鹤楼》中，周瑜与赵云在酒席宴前较量，周瑜一声："哼！"赵云一声："哼！"两下对峙。刘备惧怕生事，从中调解，并向周瑜道歉，而周瑜"哼哼"不止，即为怒笑。再如《破滉池》中，张母因其子张奎劝其投奔周文王，怒目责备道："岂不知羊有跪乳之恩，乌鸦有反哺之意……哼哼哼……"似笑非笑，怒气难遏，也属怒笑。

恨笑。心中恼恨某人的所说所为很不合自己的心意而发出之笑。男角多声高而亮，女角多音小而有力；但不论男女，眼睛均应尽量圆睁，牙关紧咬。《白门楼》中，曹操擒住吕布，吕布愿降。曹操问刘备："老夫有意收吕布帐下为将，使君意下如何？"刘备答："丞相，岂不记昔日丁建阳与董卓之故耳？"吕布听了，气得"哈哈哈"，此即为恨笑。《八义图》中，屠岸贾审讯卜凤，追问孤儿下落，卜凤坚不招供，因而被拶起双手。卜凤不仅不怕，反激起她愤恨的笑声，此亦是恨笑。

惧笑。指虽心有余悸，但却不露声色，沉着一笑。比如遇到惊险之事，却转危为安；或做了危险之事，但没露出破绽，此时的笑声音是虚的。《空城计》中，诸葛亮闻听老城头军报道："司马懿后退四十里。"其神情立即由紧张转为松弛，一副笑容呈现于面部，此即为惧笑。《杀狗》中，焦氏无端拷打婆母，婆母挣扎外出。未几，其夫曹庄打柴归来，她便殷勤地哈哈大笑。曹庄问道："咱娘可曾用过饭食？"她故意打岔，又是一声大笑："啊，敢情是你饿了？"这也是惧笑，更是诌笑。

冷笑。含有瞧不起人的意味，或觉得别人的话不对，心中不平，却不能反驳，又无法回答，只有无可奈何地对之冷笑。这种笑，声音短促，多用鼻音，最多不超过两声。《玉堂春》中，会审时，王金龙闻听刘秉义用话讽刺自己，便强作镇静，冷笑了几声。《杨门女将》中，佘太君提出自己挂帅，王辉一旁"哧"地一声冷笑并唱："杨家的先行官天下少见。"

哂笑。感到事情有些怪诞，又含有可笑的意味，因之哂笑。《吃瓜》中，陶弘见了郑恩，问赵匡胤："此位壮士何人？"赵匡胤答："小侄义弟郑恩。"陶弘云："郑壮士的好拳头。"郑恩云："老英雄的好指头。"陶弘："啊？"郑恩、赵匡胤同："啊？"陶弘"哈哈哈"地一笑，即是尴尬地"哂笑"。《西厢记》中，红娘见张生跳过墙来，不由得有些嗔怪地笑道："玉人来了！"此也是哂笑。

惊笑。突然见到或听到一个令人开心的场面或消息，真是喜出望外，先发愣，后开心，笑声骤然发出，这便是惊笑了。笑时，眼神先是发直，霎时恢复正常。《火攻计》中，鲁肃见到诸葛亮与周瑜二人手上同是一个"火"字时，立即惊讶不已，大笑出声。《彩楼记》中，刘月娥听到吕蒙正高中状元，先是为之一惊，然后才发出惊喜之笑。

哭笑。亲人、知己分别已久，一朝相会；或于苦难中得到莫大的帮助，心中有说不出和说不尽的感激之情；或被某人某事感动至深，欲笑而哭，热泪夺眶而出，即是哭笑。《奇双会》中，李奇被自己的儿子李保童在察院拉将出来，到后堂去相认时，李奇的笑即为哭笑。《算粮登殿》中王宝钏之父对她说"平贵已死，不必再回寒窑"时，王宝钏面向其父假装悲恸，扭过头去却一笑，表示她已知平贵其实未死，此笑亦是哭笑。

苦笑。心中异常苦恼时，忽传来喜讯，转苦为喜，或正愁闷中，却有非笑不可的事，迫不得已而笑，即是苦笑。笑时，面呈苦色，双眼微睁，眉头稍皱，口微启而露齿，其声不大而虚。《二度梅》中，梅良玉乍见梅花二度开放，先是喜滋滋地题了一首诗，接着，他又苦着脸笑了一下，即是苦笑。《打雁》中的柳迎春、《采桑》中的罗敷女、《回窑》中的宝钏，在她们久别多年的丈夫突然荣耀归来时，因容貌变得苍老，故她们不敢相认；等认清之后，这些苦熬苦等的女性自是喜出望外而笑，但这笑亦是哭笑。

讥笑。带有讽刺讥讪之意的笑，需斜目瞟视，嘴微咧。《取洛阳》中的马武见岑彭大败而回，偏笑脸相迎云："恭喜岑将军，先生赐你一支令箭攻取洛阳，必然得赢得胜，嘿嘿嘿嘿……酒来，酒来……"此即是讥笑。《意中缘》中的黄天监，想在梅花画上寻点弊端，便对杨云友说："红花虽好，离不了绿色扶持。"杨云友含笑问："江岸梅花开放，叶在何处？"此笑亦是讥笑。

奸笑。奸臣经常施用暗计害人，一旦得逞，便得意忘形，眼睛微闭，斜视对方，并发出一种带较重鼻音的笑声。《白门楼》中，曹操审问陈宫云："楼口站的可是公台兄？"陈宫对云："曹操！"曹操云："陈公台。"陈宫对云："杀剐的奸贼！"曹操笑道："啊哈哈哈……孤家出世以来，替天行道，何以为奸？"此笑即是奸笑。

狂笑。凡是狂妄自大之人，总目空一切，认为别人不如自己，还有些总将失败归咎于怀才不遇的人，心中充满不满，遇到不合心意的事情，便会有这狂妄之笑。另外，逗人着急、发狠，而对方上当时，逗人一方也会狂笑。笑时要仰面高视，声猛而亮。《百花亭》中的瓦喇，当百花公主斥责他："奸诈之徒，违抗军令，贻误军机，给我捆绑起来！"二将上前绑他，他用脚踢开，"哈哈哈"狂笑起来，口出狂言："无旨谁敢捆？！"《明月珠》中，丫鬟彩萍见无双小姐急于听老夫人待解元王仙客的真情，她狂笑半天才说出实话。

谄笑。多用于阿谀之辈。这些人一旦寻到机会，立即丑态百出，或眯缝着双眼轻佻地笑对对方；或卑躬屈膝，一心博得对方的欢心。他们善于随机应变，见空便钻，能自始至终保持轻浮的笑容。《忠义侠》中的封成东拜严年为干父时胁肩谄笑。前文中"惧笑"中的焦氏的笑，也属谄笑。

媚笑。自己原无可乐之事，但因有所图谋而勉强自己发出讨好别人的轻薄笑声。《白玉钿》中，李清宴、董银是两个生员，董无真才实学，当李在"骂僧"一场把玄真问得张口结舌时，董笑嘻嘻地随声附和，此笑即是媚笑。《摘星楼》中，妲己眼见自己将被处斩，极力用目光放射媚情，妄图用笑迷惑施刑者，此笑亦是媚笑。

疯笑。因气或因病而疯，精神失常，有时会不自主地发笑，即为疯笑。疯有真假之分，假疯必须装作真疯，使剧中人以为是真疯，而观众知其是假疯。疯笑时，眼珠发直，随头而动，笑声音猛而宽硬。《药酒计》中，宫门失火后，宋王示杨文觉："抢过乳儿来！"杨文觉对云："太子不见！"在旁的黄枝闻言又惊又急，宋王安慰之："贵人莫急，急下疯病，如何是好！"黄枝骤然一阵冷笑，旋即真疯，越发笑个不止。

假笑。本无笑意，但为了逢迎对方，随声附和地笑；或故做笑态，使人产生错觉，感觉他态度和蔼。其笑眼神发空，笑声音猛，落音虚而无力，因而不是真心地笑，是假笑。《二度梅》中的黄嵩，是个势利小人，称卢杞为干父,专为卢出谋划策,用假笑威胁、苦逼陈春生答应卢女的婚事,使陈弃官而逃。戏曲中人物,妖婆心毒、老鸨心狠、媒婆心诈,这三者有一个共同点——皆善于耍假面孔来愚弄别人,开口前先来阵假笑。

呆笑。一个人看到自己喜爱之人或物,立时被勾去了魂魄,不是不顾一切地看呆了,便是眼神发直,直到被另外一人喊醒,这才自觉无味,只好没趣地一笑,此即呆笑。《凤仪亭》中,吕布与王允交谈时,视线全集中在旁边站着的貂蝉身上,直到王允连声叫"温侯",吕布始感觉失态,立即向王允赔笑。《花田错》中,春英引玉琼小姐花田游玩,小姐与画扇的边济一见钟情,两下均看呆了。春英左右端详二人,直到发出"嗨!"的一声,他俩才惊醒过来,不觉呆笑起来。

痴笑。他人理由充足地发笑,自己也附和地一笑,但并不知道为何而笑,既有些被动,又有点尴尬;因而此笑声不大,人物多双眼睁大,眼珠不动,头左右摇摆,面部呆板。《梅降亵》中,花艳芳见了表兄蔺孝先之后,便生爱慕之情,一阵痴想,一阵痴笑,几成呆人。

聋笑。人常说,微聋者不开口,大聋者半张口,听力不好的人听话时头稍偏,有时以手放在耳边做收音状。全聋者全凭眼看对方的口形和面部表情会意。除此而外,还有装聋卖哑的聋笑。《火焰驹》中,苏州聋婆同伙去屈原庙与李彦贵奉献好心时,同后来者的笑有点误会,也是聋笑。

傻笑。并非指傻人之笑,这里指的是直性之人,不会拐弯,带些傻气地笑。表演时眼睁得很大,眼珠不动。《虮蜡庙》中,金大力听到褚彪吩咐他说:"金英雄,把费得功后门把住,莫让贼人逃脱!"金大力傻笑着说:"老英雄,你把后门交将予我,莫说是个人,就是个屁,它也放不出来。"《白兔记》中,李三娘遭兄嫂算计,他们逼刘知远写出休书,刘知远诳兄嫂写下供状。之后,刘知远瓜园掘地得宝。夫妻将要分别，三娘分析处境，左右为难，傻笑起来。

憨笑。心地善良之人发出的憨厚笑声。如《狮子洞》中，猪八戒对小娘子表示情愿相助时的笑，憨态可掬。《烟火棍》中，杨排风打败焦赞，略感内疚，对之一脸憨笑。

淫笑。即淫荡的笑。《采花》中侯上官欲调戏姜彩莲时满脸淫笑。《翠屏山》中，潘巧云对海和尚之笑亦是淫笑。

失笑。当遇到现实情况与人物所预想的不一样但却正合人物心意时，人物往往哑然失笑。《拾玉镯》中，傅朋窥见孙玉姣拾镯后，看出孙的心意，故意用咳嗽声去惊吓孙。孙现窘态，傅朋"失笑"。

"手、眼、身、法、步""七哀八哭二十四笑"，都是戏曲程式，都是为塑造活生生的人物形象服务的。晋剧戏谚云：

> 唱戏是唱情，做戏是传神。
> 演者不动情，观者不同情。

这就是说，演员创造角色，还得"钻进去，跳出来"。所谓"钻进去"，就是入乎戏内，认识角色，理解角色，从内心对自己所扮演的角色有了深刻的体会、评价；然后就"跳出来"，即出乎戏外，根据自己的体会来选择适当的戏曲程式动作，以"形神兼备"的表演、真挚的感情，来打动观众，达到塑造出完美人物形象的目的。

附录二：郭兰英艺术活动年表

1929年	农历腊月初一，出生于山西省平遥县香乐村一个贫苦农民家庭。
1934年	开始学唱山西中路梆子。
1936年	在山西吕梁临县初次登台。
1941年	拜师"福义丑"王福义、"九儿师父"张春林。
1942年	在太原开化寺"新化戏园"演戏。
1944年	在张家口挂头牌演出，享誉塞外剧坛。
1946年	参加华北联合大学文艺工作团，成为一名革命文艺工作者。
1947年	演出秧歌剧《王大娘赶集》和歌剧《血泪仇》等。在河北石家庄首次演出《白毛女》，获得成功。
1949年	在布达佩斯举行的第二届世界青年联欢节上，演唱《妇女自由歌》，获得三等奖。灌制第一张唱片《妇女自由歌》。
1950年	赴苏联、捷克斯洛伐克、波兰、匈牙利、民主德国及保加利亚等国访问演出，历时一年半。
1951年	在柏林参加第三届世界青年联欢节。演出民族歌剧《白毛女》。
1952年	参加第一届全国戏曲观摩演出大会，演出晋剧《秦香莲》并获奖。
1953年	首演歌剧《小二黑结婚》。
1954年	主演中央实验歌剧院重新创作的歌剧《刘胡兰》。

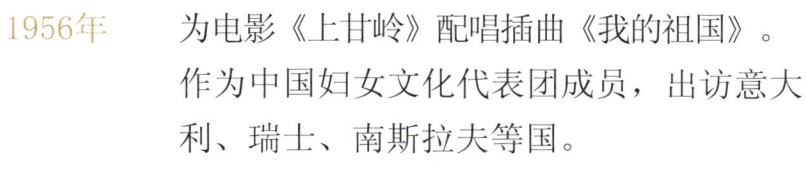

1956年	为电影《上甘岭》配唱插曲《我的祖国》。作为中国妇女文化代表团成员，出访意大利、瑞士、南斯拉夫等国。
1958年	演出歌剧《红霞》《红云崖》。
1959年	演出歌剧《春雷》。
1960年	首演歌剧《窦娥冤》。
1961年	在中南海演出了晋剧《金水桥》和《坐楼杀惜》。
1962年	为纪念毛泽东《在延安文艺座谈会上的讲话》发表二十周年，重新排演歌剧《白毛女》。首演《红梅岭》。
1963年	举办"郭兰英独唱音乐会"，开创了民族声乐个人演唱会的先例。
1964年	在大型音乐舞蹈史诗《东方红》中演唱《南泥湾》。
1965年	在第二届全国运动会团体操《革命赞歌》中演唱《麦浪滚滚》。
1976年	在首都庆祝粉碎"四人帮"文艺晚会上，演唱《绣金匾》等，缅怀老一辈无产阶级革命家。
1977年	重新排演歌剧《白毛女》。出访日本。
1979年	重新排演歌剧《窦娥冤》。
1980年	主演晋剧电视片《金水桥》。
1981年	举办"郭兰英歌剧片段晚会"，演出了《白毛女》《小二黑结婚》《刘胡兰》《窦娥冤》等四部歌剧的精彩片段，获得巨大成功。

1982年	为不负周总理的期望，为弘扬民族艺术，告别舞台，走上讲台，在中国音乐学院任教。
1983年	深入到全国十一个省、自治区、直辖市，调查民族艺术的现状，探索振兴民族艺术的途径。
1984年	中国唱片公司出版发行《郭兰英独唱选》唱片。
1985年	赴广东番禺创办艺术学校。
1987年	中国民族民间艺术专业学校正式成立，任校长。（1993年，该校更名为郭兰英艺术学校）
1989年	获首届"金唱片奖"。
1993年	在纪念毛泽东一百周年诞辰"毛泽东颂歌"大型文艺晚会上，演唱《我的祖国》。
1994年	广播电影电视部、文化部、山西省人民政府在京联合举办"我的祖国——郭兰英艺术生涯六十年"纪念活动。
1995年	《人民艺术家郭兰英》大型画册出版。
1999年	十二集音乐电视剧《郭兰英》拍摄完成并在中央电视台播出。
2017年	回到中国音乐学院，参与学院"中国乐派高精尖中心"的学术建设，应邀为声歌系师生排演歌剧《小二黑结婚》。国庆节，郭兰英在中央电视台"中国民歌大会"上演唱《我的祖国》。
2018年	"为人民歌唱——中国乐派声乐大师郭兰英艺术成就音乐会"在雄伟的人民大会堂举行。
2019年	获"最美奋斗者"荣誉称号。在人民大会堂"国家勋章和国家荣誉称号颁授仪式"上，由国家主席习近平颁发"人民艺术家"国家荣誉称号。

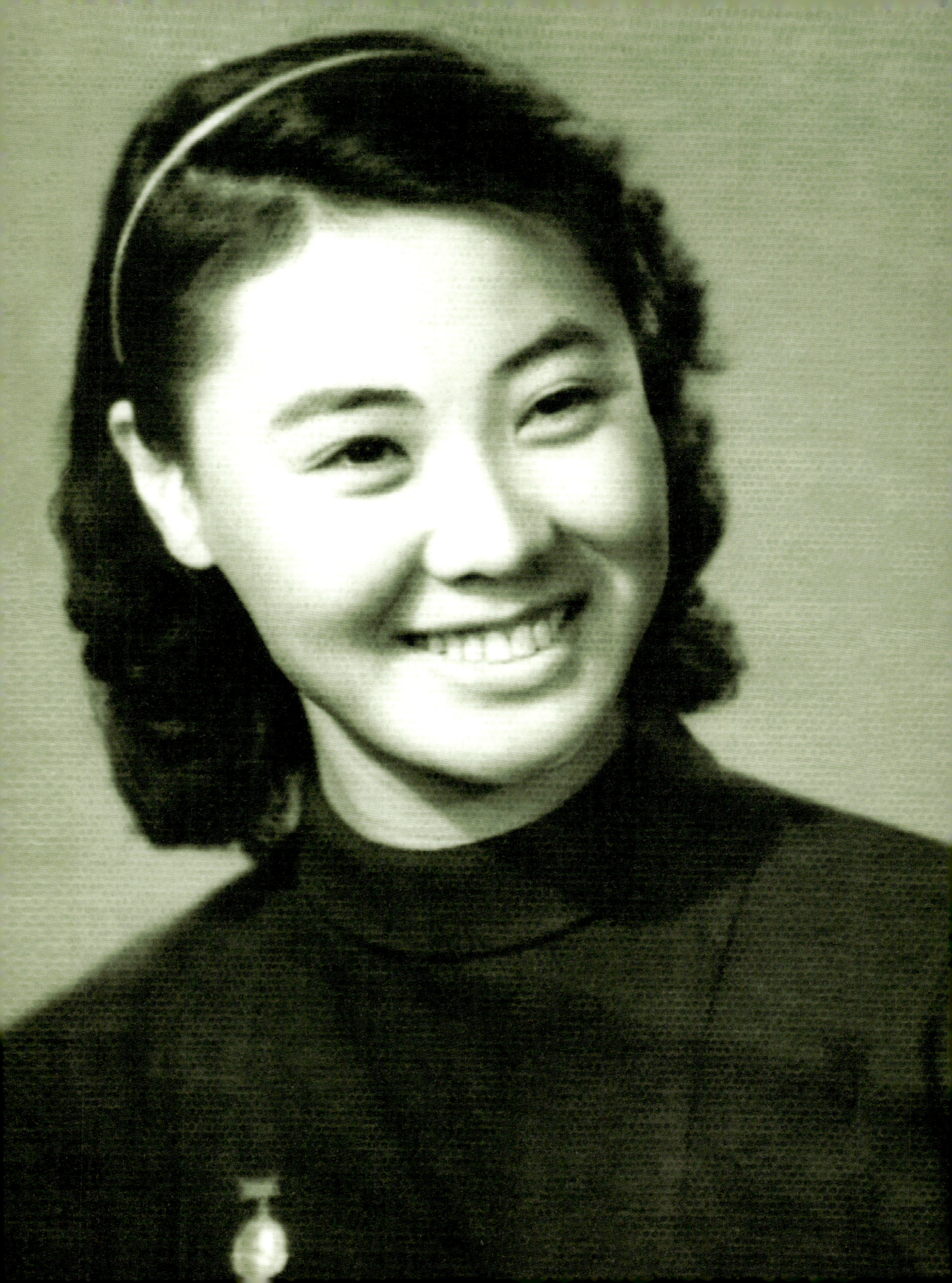

后 记

在山西出版传媒集团、北岳文艺出版社领导及编辑的高度重视下，在恩师郭汉城于期颐之年耐心、细致和专业的指导下，在文化部艺术局原局长兼中国歌剧舞剧院原党委书记、代院长曲润海的精心审读下，在山西中华文化促进会主席姜新文及山西作家协会领导罗向东先生的热心帮助下，在郭兰英先生、顾棣等老摄影家及郭兰英艺术发展基金会的支持下，本书即将面世。为此，笔者由衷地感谢他们！由于笔者学力不逮，再加时间紧迫，难免有"沧海遗珠"之憾，故本书如能反映出人民艺术家郭兰英先生传奇人生之万一，笔者就深感欣慰了。

笔者记得，为人民演唱了一辈子，如今已九十三岁高龄的朴素老人郭兰英，一直不习惯诸如"艺术家""歌唱家"之类的称呼。几年前，在中央电视台"中国文艺致敬经典——郭兰英"一片中，郭兰英先生虚怀若谷地对观众说："我真的没做什么，不就长了一个嗓子，唱了几个歌，演了几个戏吗？那么大家都对我这样的尊敬啊，爱护啊，心疼啊！我觉得观众就是我的老师，就是我的父母，所以什么这个家、那个家的，那我承受不了。"多么谦逊啊！真无愧于"德艺双馨"四字。

2019年，在全国人民庆祝中华人民共和国成立七十周年之际，9月17日，郭兰英被授予"人民艺术家"国家荣誉称号；9月29日，她在北京人民大会堂参加了中华人民共和国国家勋章和国家荣誉称号颁授仪式。这是以中华人民共和国的名义给予的国家最高荣誉，郭兰英当之无愧。

本书用田野调查法、历史研究法、比较研究法、向本人采访法、文献查阅法及现场拍照法获取资料，经缜密构思，为增加传记的真实性，同时也为引发读者的观赏兴趣，采取了以图证史、图文互证的方式，展现出郭兰英的艺术发展轨迹，较为全面地反映了她作为人民艺术家——戏曲表演艺术家、歌剧表演艺术家、女高音歌唱家、民族声乐教育家——作出的那些开拓性贡献。

郭兰英的成长历程、她对艺术无限执着的精神以及她那令人敬仰的艺术品格，包括艺品与人品都是本书写作的重点。从中我们可以看出，只有那些把自己杰出的艺术才华与爱国情怀相结合，坚持艺术的人民性，扎根生活的沃土，躬身践行，颂扬真善美，鞭笞假恶丑，不断满足人民对精神文化需求的艺术家，才能逐步进入德艺双馨的美好境界，成为一位受人民爱戴的人民艺术家。

张林雨　张志永
2019年初稿于并州桃源斋
2020年12月二稿于京华淡渍堂
2022年7月完稿于中央音乐学院